DRAMES HISTORIQUES

TIRÉS

DE LA BIBLE ET DE L'HISTOIRE DE L'ÉGLISE

MIS EN CHANTS ET RECUEILLIS

PAR

LE R. P. CALIXTE

DE LA PROVIDENCE

Trinitaire, Président du Couvent de Cerfroid (Aisne).

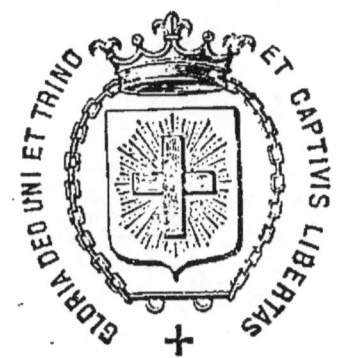

SE VEND
Au profit des Orphelins de Cerfroid

CHEZ L'AUTEUR

A PARIS, CHEZ M. TÉQUI
6, RUE DE MÉZIÈRES, 6.
1875

DRAMES
HISTORIQUES
TIRÉS

DE LA BIBLE ET DE L'HISTOIRE DE L'ÉGLISE

MIS EN CHANTS ET RECUEILLIS PAR

LE R. P. CALIXTE

DE LA PROVIDENCE

Trinitaire, Président du Couvent de Cerfroid (Aisne).

PRIX : 75 CES — AVEC LES AIRS NOTÉS, 1 FR. 25

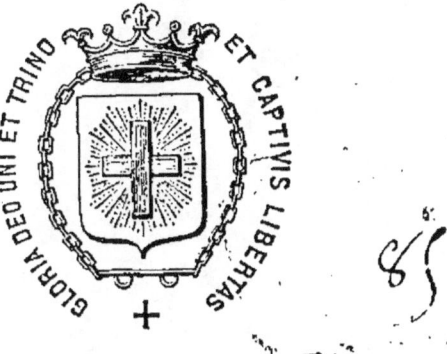

SE VEND

AU PROFIT DES ORPHELINS DE CERFROID

CHEZ L'AUTEUR

A PARIS, CHEZ M. TÉQUI,
Directeur de l'Œuvre St-Michel

6, RUE DE MÈZIÈRES, 6.

1875

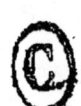

A NOS BIEN-AIMÉS ORPHELINS DE CERFROID

CHERS AMIS,

C'est pour vous que nous avons réuni et mis en drame les récits qui composent ce recueil. C'est pour vous que nous les livrons à l'impression. Le plaisir que vous avez goûté à lire et à représenter ces DRAMES HISTORIQUES, pendant votre séjour à Cerfroid, nous fait espérer que vous éprouverez encore quelque satisfaction à y jeter les yeux plus tard, et que vous profiterez des leçons qu'ils renferment.

Ils faut bien vous persuader, chers amis, que la vie pour vous ne sera pas toujours aussi douce et tranquille que vous l'avez eue, jusqu'à ce moment, auprès de nous. Vous aurez vos épreuves et vos tristesses, et, dans ces jours mauvais, ce sera pour vous assurément une satisfaction de revenir, par la pensée, sur vos jeunes années, de redire quelques uns des chants qui vous charmaient alors, et d'y retrouver les leçons de vertu que l'on avait tâché de mettre en action sous vos yeux : l'obéissance à vos supérieurs, à Dieu surtout, dans le *Sacrifice d'Abraham;* la pureté des mœurs dans la conduite du *Chaste Joseph*; la foi vive et agissante dans le *Martyre de St Eustache*; et, dans le retour de *l'Enfant Prodigue,* ce que vous devez faire vous-mêmes, si vous avez le malheur d'offenser Dieu.

Il nous semble, en un mot, que ce petit recueil ne pourra que vous être utile et agréable. Veuillez donc le recevoir et le conserver comme un souvenir de Cerfroid et de celui qui veut demeurer toujours,

Bien chers enfants,

le meilleur de vos amis,
Fr. CALIXTE *de la Providence.*

DRAMES HISTORIQUES

PREMIÈRE PARTIE

Le Sacrifice d'Abraham
Le Chaste Joseph
L'Enfant Prodigue
Le Martyre de saint Eustache

LE SACRIFICE D'ABRAHAM

LE SACRIFICE D'ABRAHAM

DRAME EN UN ACTE

1re SCÈNE — DIEU, ABRAHAM

DIEU

Abraham, lève-toi, prends ton fils bien-aimé,
Et, de ta propre main, viens m'en faire une offrande ;
Crois ce que j'ai promis, fais ce que je commande ;
    Je veux qu'Isaac soit consumé.
      Plus ta main paraîtra cruelle,
    Plus ton cœur envers moi sera fidèle.

ABRAHAM

Bien que je sente en moi des mouvements divers,
Je m'en vais vous l'offrir, et je veux croire encore
Que sa postérité, du couchant à l'aurore,
      Peuplera le vaste univers ;
      Isaac même sur la flamme,
J'espèrerai toujours au fond de l'âme.

DIEU

Ton espoir n'est pas vain, ni ta fidélité ;
Espère jusqu'au bout avec grande allégresse ;
Sois ferme dans ta foi, je tiendrai ma promesse ;
    Je suis le Dieu de vérité.
      Va-t-en donc d'un cœur magnanime,
    Va faire de ton fils une victime.

2me SCÈNE — ABRAHAM, ISAAC

ABRAHAM

Cher Isaac, sors du lit, et, dès ce grand matin,
Allons-nous en tous deux offrir un sacrifice.
Partons sans différer, il faut que j'obéisse
      Aux ordres d'un Dieu souverain,
      Car nous devons tous nous soumettre
    A ce que veut de nous l'unique maître.

ISAAC

Je le veux de bon cœur, préparons ce qu'il faut ;
L'âne et nos serviteurs porteront le bagage.
Allons, cher père, allons rendre humblement hommage
    A la majesté du Très-Haut.
    Commandez ce qu'il faudra faire,
Je ne désire en tout que de vous plaire.

ABRAHAM

Prends le bois sur ton dos, j'ai le glaive et le feu,
Laissons notre âne ici brouter l'herbe en campagne ;
Nos deux jeunes valets, au bas de la montagne,
    Pourront attendre tant soit peu ;
    Cependant, avec modestie,
Allons à ce sommet offrir l'hostie.

ISAAC

Mais comment ferons-nous ? Je vois là le couteau,
Je vois le feu, le bois ; où sera la victime ?
Je sens mon cœur brûler d'un amour très-intime ;
    Où trouverons-nous un agneau ?
    Dans quel lieu pourrons-nous le prendre ?
Vous me feriez plaisir de me l'apprendre.

ABRAHAM

Obéis, cher Isaac, pour remplir ton devoir ;
Nous n'avons point d'agneau, mais ayons espérance,
Et croyons fermement, contre toute apparence,
    Que Dieu prendra soin d'y pourvoir ;
    Adorons sa haute sagesse,
Immolons-lui nos cœurs avec tendresse.

ISAAC

Mon père, qu'ai-je fait ? quel crime ai-je commis ?
Vous me liez les bras, que prétendez-vous faire ?
Voulez-vous m'égorger ? Répondez, mon bon père ;
    Hé quoi ! le meurtre est-il permis ?
    Arrêtez votre zèle extrême ;
Vous vous sacrifiez, en moi, vous-même.

ABRAHAM

Bien-aimé de mon cœur, je ne puis te céler
Plus longtemps mon secret ; oui, le Seigneur commande
Que je te mette à mort, que tu sois mon offrande ;
    Je t'ai conduit pour t'immoler.
    Ah ! combien mon âme est dolente,
Cher fils, en prévoyant ta mort sanglante.

ISAAC

Eh bien ! honorez Dieu par mon sanglant trépas ;
Cessez d'être attendri, soyez impitoyable.
Puisque ma mort lui plaît, elle m'est agréable ;
    Donnez le coup, je ne crains pas ;
    Signalons notre obéissance,
Je veux ce que Dieu veut, sans répugnance.

ABRAHAM

Comme toi, je le veux, mais ne point soupirer,
Quand je suis sur le point de tremper cette lame
Dans le sang de mon sang, dans le fils de mon âme,
    Ah ! je ne puis m'y résigner !...
    Je n'ai plus ni cœur ni parole ;
Faut-il, ô cher enfant ! que je t'immole ?

ISAAC

N'épargnez pas mon corps, le ciel vous le défend ;
Raidissez votre bras, faites ce qu'il faut faire.
La gloire du Très-Haut vous doit être plus chère
    Que votre unique et cher enfant.
    Détruisez votre propre ouvrage,
Vous appuyant sur Dieu, prenez courage.

ABRAHAM

C'en est fait, cher Isaac, tu mourras en ce lieu,
Je n'écouterai plus la voix de la tendresse.
Mais, avant de frapper, permets que je te presse
    Sur mon cœur, pour suprême adieu ;
    Puis mon bras fera son office
Pour achever, hélas ! mon sacrifice.

3ᵐᵉ SCÈNE — ABRAHAM, ISAAC, L'ANGE

L'ANGE

Abraham, c'est assez, jette loin ce couteau ;
Dieu ne veut point la mort d'Isaac ton fils unique.
Il ne veut que ton cœur ; obéis sans réplique.
    Remets le glaive en son fourreau.
    J'ai connu combien ton cœur aime
Le trois fois Tout-Puissant, l'Etre suprême.

ABRAHAM

Messager de mon Dieu, ne me détournez pas.
Je n'ai point dans mon cœur une foi chancelante ;
Bien que ma faible main soit malgré moi tremblante,
    Je veux de mon fils le trépas ;
    Permettez que sur cette cîme
Je sois, en l'immolant, prêtre et victime.

L'ANGE

L'Eternel a reçu pour le fait ton vouloir,
Il faut que ce bélier tienne d'Isaac la place ;
Sa suprême bonté t'accorde cette grâce,
    Pour récompenser ton espoir.
    Laisse là ton cher fils en vie,
Offre cet animal pour ton hostie.

4ᵐᵉ SCÈNE — ABRAHAM, ISAAC

ABRAHAM

Béni soit le Seigneur ! nous avons satisfait.
Offrons-lui, cher Isaac, et nos cœurs et nos âmes ;
Consumons-nous tous deux dans ses divines flammes,
    Pour reconnaître un tel bienfait.
    Unissons nos faibles louanges
A celles qu'il reçoit de tous les anges.

MORALITÉ

Si le ciel vous ravit votre enfant le plus cher,
Donnez-le de bon cœur, en suivant le modèle
Du Père des croyants, de cet homme fidèle,
    Qui foule le sang et la chair.
    De votre fils Dieu tient la place,
Si vous le lui donnez de bonne grâce.

LE CHASTE JOSEPH

LE
CHASTE JOSEPH

DRAME HISTORIQUE EN CINQ ACTES

PERSONNAGES

Joseph, ses Frères, Jacob, un Passant, Ruben, Judas, un Messager, un marchand Ismaélite, Putiphar, la femme de Putiphar, le Geôlier, l'Échanson et le Panetier, Prisonniers, Pharaon, Benjamin.

PREMIER ACTE

JOSEPH VENDU

1re SCÈNE. — JOSEPH, SON PÈRE, SES FRÈRES

JOSEPH

Permettez qu'avec franchise,
    Je vous dise
Ce que j'ai vu cette nuit ;
Ne condamnez pas mon songe
    De mensonge,
Car c'est Dieu qui l'a produit.

LES FRÈRES

Tu veux faire le prophète
  De ta tête,
Et tu nous rends tous jaloux.
Tout ce que tu dis nous choque,
  Et provoque
Contre toi notre courroux.

JOSEPH

Vous me croirez un superbe,
  Car ma gerbe
Avait les vôtres autour ;
Elles lui rendaient hommage,
  Pour présage
Que vous me ferez la cour.

LES FRÈRES

Tu nous piques, tu nous braves ;
  En esclaves
Serons-nous tes serviteurs ?
Tu n'acquiers que notre haine
  Pour ta peine ;
Nous ne sommes point flatteurs.

JOSEPH

J'ai vu, sous les sombres voiles,
  Onze étoiles,
La lune avec le soleil ;
Ils m'ont fait la révérence,
  En silence,
Tout le long de mon sommeil.

LE PÈRE

Tu crois donc que chaque frère,
  Père et mère,
Doivent un jour t'adorer ;
Chasse loin ta propre estime
  Comme un crime ;
C'est à toi de m'honorer.

JOSEPH

De bon cœur, mon très-cher père,
    Je révère
Tout ce qui dépend de vous ;
Vous serez toujours le maître,
    Je veux être
L'humble serviteur de tous.

2me SCÈNE — JOSEPH, SON PÈRE

LE PÈRE

Va, cher fils, par les montagnes,
    Les campagnes,
Les vallons et les côteaux,
Va voir l'état des affaires
    De tes frères,
Et celui de nos troupeaux.

JOSEPH

De ce pas avec ivresse
    Et vitesse,
Je vais chercher nos bergers ;
Priez Dieu pour ce voyage
    Qui m'engage
En mille et mille dangers.

3me SCÈNE — JOSEPH, UN PASSANT

UN PASSANT

Mon ami, tu ne vois goutte
    Dans ta route,
Tous tes pas sont égarés ;
Je crains fort que quelque bête
    Ne t'arrête
Au milieu de ces forêts.

JOSEPH

Quelque tigre, loup ou louve,
    Que je trouve,
Le Seigneur peut m'en sauver.
J'ai cherché partout mes frères,
    Solitaires,
Sans avoir pu les trouver.

LE PASSANT

Ils ont dit qu'ils allaient faire
  Leur repaire
Au quartier de Dothaïn ;
Si tu veux trouver leur gîte
  Marche vite,
Et prends le plus court chemin.

4me SCÈNE — JOSEPH, SES FRÈRES

LES FRÈRES

Voici celui qui nous fâche
  Sans relâche ;
Il nous faut le terrasser.
Punissons ses rêveries,
  Ses folies,
En feignant de l'embrasser.

RUBEN

Oseriez-vous vous défaire
  D'un tel frère,
Sans épargner votre chair ?
Je n'y saurais condescendre,
  Ni me rendre ;
Cet innocent m'est trop cher.

LES FRÈRES

Nous trouverons pour couverte
  De sa perte
Ou les tigres ou les ours ;
Il a voulu nous prédire
  Son empire,
Il faut terminer ses jours.

RUBEN

Cette citerne profonde
  Nous seconde,
Pour le conserver vivant.
Donnons-lui cette demeure
  Sans qu'il meure ;
Personne n'en aura vent. (*Il sort.*)

5ᵐᵉ SCÈNE — LES FRÈRES, UN ISMAÉLITE

JUDAS

Oui, son sang crierait vengeance
    Sans clémence
Si nous étions trop cruels ;
Il sera mieux de le vendre
    Pour nous rendre
Devant Dieu moins criminels.

LES FRÈRES

Vas-tu point, Ismaélite,
    En Egypte,
Avec ta myrrhe et ta poix ?
Nous te vendrons cet esclave,
    Jeune et brave,
Qu'on a trouvé dans ce bois.

L'ISMAÉLITE

J'ai vidé presque ma bourse,
    Dans ma course ;
Je n'ai que bien peu d'argent ;
Voyez si nous pourrions faire
    Cette affaire
Pour vingt deniers seulement.

LES FRÈRES

Cette somme suffisante
    Nous contente,
Prends cet esclave et t'enfuis ;
Tu peux aller le revendre,
    Et t'attendre
A gagner beaucoup sur lui.

6ᵐᵉ SCÈNE — LES FRÈRES, RUBEN

RUBEN

Ah ! citerne déloyale
    Et fatale
Qu'as-tu fait du pauvre enfant ?
Je ne vois plus ni sa face,
    Ni sa trace,
De regret mon cœur se fend.

Que deviendra notre père,
    Débonnaire?
Que pensera-t-il de nous?
Il croira qu'en ce bocage,
    Notre rage
A livré Joseph aux loups.

7ᵐᵉ SCÈNE — LES MÊMES, UN MESSAGER

LES FRÈRES

Que nous sert-il de tant craindre?
    Il faut teindre
Sa robe au sang d'un chevreau;
Et puis nous ferons en sorte
    Qu'on la porte
A Jacob, ce vieux jumeau.

LES FRÈRES AU MESSAGER

Porte cette robe teinte,
    Va sans crainte
Vers Jacob, ce saint vieillard;
Tu diras que tu l'as prise,
    Par surprise,
Sous les dents d'un léopard.

8ᵐᵉ SCÈNE — JACOB, LE MESSAGER

LE MESSAGER

Connaissez-vous cette veste?
    C'est un reste
Que j'ai depuis peu de temps;
Un gros léopard sauvage,
    Plein de rage,
Prit Joseph entre ses dents.

LE PÈRE

Ah Joseph! Ah! fils aimable!
    Doux, affable,
Les bêtes t'ont dévoré.
Je perds avec toi l'envie
    D'être en vie;
Le Seigneur soit adoré!...

DEUXIÈME ACTE

JOSEPH MIS EN PRISON

1ʳᵉ SCÈNE — PUTIPHAR, JOSEPH, L'ISMAÉLITE.

L'ISMAÉLITE

Je veux une bonne somme
    De cet homme,
Putiphar, l'achetez-vous ?
Il est propre à l'intendance,
    Sa prudence
Le fera chérir de tous.

PUTIPHAR

Joseph, ta fortune est faite ;
    Sois honnête,
Humble, doux, simple et prudent ;
Prends mes biens et les conserve
    Sans réserve,
Je te fais mon intendant.

2ᵐᵉ SCÈNE — LA FEMME DE PUTIPHAR, JOSEPH

LA FEMME DE PUTIPHAR

Je souffre un cruel martyre,
    Je soupire
Dans ce palais somptueux ;
Sois touché de la torture
    Que j'endure,
Et daigne agréer mes vœux.

JOSEPH

Le Dieu du ciel nous regarde,
    Je n'ai garde
De rien faire contre lui.
Je serais, d'ailleurs, bien traître
    A mon maître,
Qui met en moi son appui.

Je foule aux pieds les délices,
  Les supplices,
Les honneurs et le poteau ;
Je vaincrai votre poursuite
  Par ma fuite.

LA FEMME DE PUTIPHAR

J'aurai, du moins, ton manteau.

3me SCÈNE. — PUTIPHAR, SA FEMME

LA FEMME DE PUTIPHAR

Putiphar, venge ta femme ;
  Un infâme
Voulait ici t'outrager.
C'est Joseph, je te l'assure,
  Ce parjure,
Cet impudent étranger.

PUTIPHAR

L'attentat est-il possible ?
  Chose horrible !
Dites-vous la vérité ?
J'ai bien de la peine à croire
  Cette histoire,
Sachant son honnêteté.

LA FEMME DE PUTIPHAR

Je soutiens ce que j'avance,
  Ma constance
A déjoué ses desseins.
La preuve de sa conduite
  C'est sa fuite
Et son manteau dans mes mains.

4me SCÈNE — PUTIPHAR, JOSEPH

PUTIPHAR

Joseph, ton ingratitude
  M'est plus rude
Que ton infidélité.
Meurs dans la prison obscure ;
  Ton injure
Me force à la cruauté.

5me SCÈNE — JOSEPH puis le GEÔLIER

JOSEPH

Adorable Providence !
  L'innocence
Me rend calme en ma prison.
Elle convertit mes chaînes
  Et mes peines
En des sujets d'oraison.

LE GÉOLIER

Cher Joseph, retiens tes larmes ;
  Tu me charmes
Par tes excellents propos.
Je remets à ta prudence
  L'intendance
Des habitants des cachots.

6me SCÈNE — JOSEPH, L'ÉCHANSON, LE PANETIER

JOSEPH A DEUX PRISONNIERS

Quel chagrin insupportable
  Vous accable ?
Expliquez-vous franchement.
J'obtiendrai par mes prières
  Des lumières
Pour votre soulagement.

LES DEUX PRISONNIERS

Nos âmes sont accablées
  Et troublées,
De deux songes fort obscurs ;
Ce que notre esprit devine
  Nous chagrine ;
De périr nous sommes sûrs.

JOSEPH

L'échanson aura sa grâce
  Et sa place,
Mais le panetier mourra.
Ne tenez pas mes paroles
  Pour frivoles ;
Ce que j'ai dit se verra.

TROISIÈME ACTE

JOSEPH HONORÉ

1re SCÈNE — PHARAON, L'ÉCHANSON

PHARAON

Mon esprit est dans la gêne,
    Fort en peine
De deux songes que j'ai faits,
Et je ne trouve personne
    Qui raisonne
Sur leur cause et leurs effets.

L'ÉCHANSON AU ROI

Je connais un jeune esclave,
    Doux et brave,
Qui gémit dans vos prisons,
Et j'ose bien vous promettre
    Qu'il est maître
Pour en savoir les raisons.

PHARAON

Qu'on le tire de la chaîne ;
    Qu'on l'amène ;
Je suis content de le voir.
Faites l'entrer dans la salle
    Principale,
Où nous verrons son savoir.

2me SCÈNE — L'ÉCHANSON, JOSEPH

L'ÉCHANSON

Cher Joseph, bonne nouvelle !
    Par mon zèle
Le roi te fait appeler.
Quitte là toutes les chaînes
    Que tu traînes,
Viens à lui sans hésiter.

3ᵐᵉ SCÈNE — Pharaon, Joseph

JOSEPH

Quelle chose avez-vous, Sire,
  A me dire?
Que désirez-vous de moi?
Il n'est rien qu'avec la grâce
  Je ne fasse
Pour obéir à mon roi,

PHARAON

Il faut que tu pronostiques,
  Et m'expliques
Quelques songes que j'ai faits;
On connaîtra ton mérite
  Dans l'Egypte
Par mes signalés bienfaits.

Sept vaches grasses, allègres,
  Par sept maigres,
Mes yeux ont vu dévorer;
Sept épis pleins par sept vides,
  Secs, arides;
Cela me fait soupirer.

JOSEPH

Grand prince, à sept ans fertiles
  Sept arides
Aussitôt succèderont;
Prévenez par l'abondance
  L'indigence,
Ou vos sujets périront.

PHARAON

Joseph, je te fais leur maître,
  Fais paraître
Ta prudence à gouverner;
Partage pour récompense
  Ma puissance,
Je ne veux point te borner.

JOSEPH

Que puis-je vous rendre, Sire,
    Pour l'empire
Que vous me donnez sur tous ?
Nonobstant cette fortune
    Peu commune,
Je veux être à vos genoux.

PHARAON

Il suffit que tu me serves,
    Et conserves
Tous les biens de mon Etat.
Si j'apprends qu'on te tracasse,
    Quoi qu'on fasse,
J'en punirai l'attentat.

QUATRIÈME ACTE

JOSEPH RECONNAIT SES FRÈRES

1re SCÈNE — JACOB, SES ENFANTS

JACOB A SES ENFANTS

Nous voici dans la famine,
    Sans farine
Et sans un grain de froment.
Le bruit court qu'on en débite
    En Egypte ;
Allez-y donc promptement.

LES ENFANTS

Nous n'y connaissons personne
    Qui nous donne
Vers le prince un libre accès ;
Nous perdons déjà courage,
    Ce voyage
Ne peut avoir de succès.

JACOB

Faites comme je propose
    Toute chose ;
Dieu nous sera bienveillant.
Portez une bonne somme
    A cet homme
Qu'on a fait surintendant.

2ᵐᵉ SCÈNE — JOSEPH, SES FRÈRES

LES FRÈRES A JOSEPH

Agréez, grand personnage,
    L'humble hommage
Qu'en tremblant nous vous rendons.
Nous venons vous reconnaître
    Pour vrai maître
Des biens que nous possédons.

JOSEPH

Ce ne sont que des souplesses,
    Des finesses
Pour épier le pays ;
Et si je ne vous accorde
    Que la corde,
Vous n'êtes point trop punis.

LES FRÈRES

Que le ciel, par sa justice,
    Nous punisse
Si nous avons ce dessein ;
Nous ne sommes venus vite
    En Egypte
Que pour acheter du grain.

JOSEPH

Je veux qu'on vous emprisonne,
    Et j'ordonne
Qu'on vous traite sans merci ;
Que chacun de vous me dise
    Sans feintise
Si vous êtes tous ici.

LES FRÈRES

Il reste avec notre père
    Encore un frère,
Qui se nomme Benjamin.
Pour Joseph le pénultième,
    Le onzième,
Il fit une triste fin.

3ᵐᵉ SCÈNE — LES FRÈRES, RUBEN

RUBEN A SES FRÈRES

Vous voulûtes satisfaire
    La colère,
En le vendant vingt deniers
Il est juste que Dieu venge
    Ce bel ange
En nous tenant prisonniers.

LES FRÈRES

Nous souffrons la juste peine
    De la haine
Qui nous le fit vendre à tort ;
Nous perdons toute espérance ;
    Notre offense
Mérite à bon droit la mort.

4ᵐᵉ SCÈNE — JOSEPH, SERVITEURS

JOSEPH

Justes cieux ! leurs pleurs, leurs plaintes,
    Leurs complaintes,
Me contraignent à pleurer.
Il faut donc que je me cache,
    Que je tâche
De les faire renvoyer.

Eternel ! Dieu de mon âme !
    Je me pâme
Du plaisir que je reçois ;
La joie excite mes larmes,
    Oh ! quels charmes !...
C'est bien eux que je revois.

Sans tarder que l'on apporte
    Sous escorte,
Leurs sacs remplis de froment.
Mais dedans avec adresse
    Et finesse,
Qu'on enferme leur argent.

5me SCÈNE — LES FRÈRES, JOSEPH

LES FRÈRES

Que le ciel, prince, vous rende
    La guirlande
Qui répond à vos bienfaits ;
Vous méritez la couronne
    Que Dieu donne
Aux hommes les plus parfaits.

JOSEPH

Je retiens en esclavage,
    Pour otage,
Siméon sage et bénin.
Je prétends qu'il y demeure
    Jusqu'à l'heure
Où je verrai Benjamin.

CINQUIÈME ACTE

JOSEPH RECONNU PAR SES FRÈRES
ET PAR SON PÈRE

1re SCÈNE — JACOB, SES ENFANTS

LES FRÈRES

Réjouissez-vous, cher père,
    Notre affaire
Nous a très-bien réussi ;
Nous apportons l'abondance
    Sans dépense,
Notre argent est tout ici.

JACOB

Votre vue très-consolante
    Me contente,
Votre récit m'est bien doux ;
Mais je mêle à l'allégresse
    La tristesse,
Car je ne vous vois pas tous.

LES FRÈRES

Le surintendant moderne,
    Qui gouverne,
Veut voir votre fils dernier ;
Et jusqu'à ce qu'on l'amène,
    Une chaîne
Tient Siméon prisonnier.

JACOB

Oh cieux ! que cette nouvelle
    M'est cruelle,
Que ce coup est désolant !
Faut-il que dans ma vieillesse
    On me laisse
Sans l'appui d'aucun enfant !

2ᵐᵉ SCÈNE — JOSEPH, SES FRÈRES, BENJAMIN, serviteurs.

LES FRÈRES

Prince, c'est avec grand'peine
    Qu'on vous mène
Ce cadet de la maison ;
Nous vous supplions de dire
    Qu'on retire
Notre frère de prison.

JOSEPH, *aux serviteurs*,

Qu'on dresse une double table
    Confortable
Pour traiter ces gens de bien.
Que tout y soit magnifique,
    Qu'on s'applique
A ce qu'il n'y manque rien.

JOSEPH

Chers amis, entrez, de grâce,
    Prenez place,
Je fais pour vous ce festin.
Mais d'abord de votre père,
    Sans rien taire,
Parlez-moi, cher Benjamin.

BENJAMIN

Notre bon et tendre père
    Vous révère
Comme un digne bienfaiteur.
Il veut, prince magnanime,
    Que j'exprime
Les sentiments de son cœur.

3me SCÈNE JOSEPH, les serviteurs

JOSEPH

Jetez, pendant que l'on soupe,
    Cette coupe
Dans le sac de Benjamin,
Et puis allez les attendre
    Et les surprendre
Quand ils seront en chemin.

4me SCÈNE — JOSEPH, SES FRÈRES

LES FRÈRES

Monseigneur, ce cas funeste
    Manifeste
Nos crimes les plus cachés.
Prononcez notre sentence ;
    La potence
Est trop peu pour nos péchés.

JOSEPH

Retournez à votre terre,
    Je n'enserre
Que celui qui m'a volé.
Éloignez-vous de ma face,
    Point de grâce,
Je veux qu'il soit décollé.

JUDAS

Si vous exigez qu'il meure,
    A cette heure
Otez-nous la vie à tous ;
Nous nous offrons en victime
    Pour son crime,
Prosternés à deux genoux.

JOSEPH

Soyez tous en assurance,
    Ma présence
Ne doit plus vous effrayer :
Je suis Joseph, votre frère !
    Que mon père
Vienne vers moi sans tarder.

Vous vouliez m'ôter la vie
    Par envie,
Si Ruben vous l'eût permis ;
Mais je n'ai point de rancune,
    Ma fortune
Me laisse doux et soumis.

LES FRÈRES

Nous voici tous bouche close,
    Aucun n'ose
Vous demander son pardon ;
Si votre miséricorde
    Nous l'accorde,
Ce sera par un pur don.

JOSEPH

De bon cœur je vous pardonne,
    Je vous donne
Pour signe un baiser de paix ;
Par un coup de Providence,
    Votre offense
M'a conduit dans ce palais.

Allez raconter l'histoire
    De ma gloire
A notre auguste vieillard;
Venez tous en diligence,
    Je ne pense
Qu'à vous faire bonne part.

5me SCÈNE — JACOB, SES FRÈRES

BENJAMIN

Cher père, cessez vos plaintes
    Et vos craintes,
Votre Joseph n'est point mort.
Ce surintendant suprême,
    C'est lui-même,
Il m'a reconnu d'abord.

JACOB

Me repais-tu d'un mensonge,
    Ou d'un songe
Qui passe comme le vent?
Je ne sais si je sommeille,
    Si je veille;
Quoi! mon Joseph est vivant!

LES FRÈRES

Chargeons tout, enfants, ménage
    Et bagage,
Sur nos plus légers chameaux.
Allons trouver notre frère,
    Bien cher père,
C'est la fin de tous nos maux.

6me SCÈNE — JACOB, JOSEPH, LES FRÈRES

JOSEPH

Roi du ciel en qui j'espère,
    J'ai mon père,
Je ne demande plus rien!
Embrassez-moi, père aimable,
    Vénérable;
Dieu m'a fait votre soutien.

JACOB

Cher Joseph, je vois ta face,
  Je t'embrasse,
Je sens mon cœur s'attendrir !
Il a tout ce qu'il désire ;
  Que j'expire ;
Je suis content de mourir.

7ᵐᵉ SCÈNE. — TOUS LES ACTEURS

MORALITÉ

Tu vois, pécheur, que l'envie
  Fut suivie
Du plus noir des attentats ;
Abhorre donc et déteste
  Cette peste,
Qui trouble tous les États.

Veille avec un soin extrême
  Sur toi-même,
Tu sais ta fragilité ;
Crains surtout la vaine gloire ;
  Ta victoire
Est toute en l'humilité.

Ouvre tes yeux et contemple
  Cet exemple
De Joseph persécuté ;
Il fit ce que tu dois faire
  Pour ton frère,
Lorsqu'il t'aura maltraité.

Faut-il que ton cœur marchande ?
  Dieu commande
Le pardon des ennemis.
C'est par là que tu t'acquittes
  Et mérites
Les biens qui te sont promis.

L'ENFANT PRODIGUE

L'ENFANT PRODIGUE

DRAME EN CINQ TABLEAUX

1er TABLEAU — LE PRODIGUE, LE PÈRE

L'ENFANT PRODIGUE

Je suis enfin résolu
D'être en mes mœurs absolu;
Donnez-moi vite, mon père,
Ce qui revient à ma part;
Vous avez mon autre frère,
Consentez à mon départ.

LE PÈRE

Pourquoi veux-tu, mon enfant
Faire ce que Dieu défend?
Veux-tu désoler mon âme,
Nos parents et nos amis?
Je serais digne de blâme
Si je te l'avais permis.

LE PRODIGUE

Je veux, en dépit de tous,
M'éloigner d'auprès de vous;
En vain vous faites la guerre
A ma propre volonté;
Je ne crains ni ciel ni terre,
Je veux vivre en liberté.

LE PÈRE

Mais hélas ! quelle raison
Te fait quitter la maison ?
Ne te suis-je pas bon père ?
De quoi te plains-tu de moi ?
Et qu'aurais-je donc pu faire,
Que je ne fasse pour toi ?

LE PRODIGUE

Vous me traitez en barbet,
Et je veux vivre en cadet ;
Vous condamnez à toute heure
Le moindre déréglement ;
Je veux changer de demeure,
Sans retarder un moment.

LE PERE

Adieu donc, cœur obstiné,
Adieu, pauvre infortuné !
Ton égarement me tue,
J'en suis accablé d'ennuis ;
Je vois ton âme perdue,
Et ne sais plus où j'en suis.

2me TABLEAU — LE PRODIGUE et ses compagnons

LE PRODIGUE

Venez à moi, libertins,
Prenez part à mes festins.
Venez, chers amis d'enfance,
Consumons nos courts moments
A vivre dans l'abondance
Des plus grands débordements.

Pensons à boire, à manger,
Dans ce pays étranger.
Je n'ai plus peur de mon père,
Qui me suivait pas à pas ;
Songeons à nous satisfaire,
En prenant tous nos ébats.

Contentons tous nos désirs
En nageant dans les plaisirs,
Et vivons de cette sorte
Tant que l'argent durera ;
Nous irons de porte en porte,
Sitôt qu'il nous manquera.

3ᵐᵉ TABLEAU — LE PRODIGUE seul

Oh ! le triste changement,
Après un train si charmant !
Je ne vois plus à ma suite
Ceux qui me faisaient la cour ;
Tout le monde a pris la fuite,
Pas un n'use de retour.

Je me trouve sans appui,
Dans la honte et dans l'ennui ;
Ma conduite toute impure
M'a mis au rang des pourceaux,
Juste tourment que j'endure
Autour de ces animaux.

Je rougis de mes forfaits,
Et des crimes que j'ai faits ;
Je fonds en pleurs, je soupire
Je sens de cuisants remords,
Je souffre un cruel martyre
De cœur, d'esprit et de corps.

Je meurs même ici de faim,
Faute d'un morceau de pain,
Tandis que chez mon bon père,
Où j'avais tout à gogo,
Le plus chétif mercenaire
En a plus qu'il ne lui faut.

Je voudrais bien me nourrir
Des fruits qu'on laisse pourrir ;
Je voudrais bien sous ce chêne
Les écosses des pourceaux,
Mais j'ai mérité la peine
Qu'attirent les bons morceaux.

Je veux pourtant me lever,
Pour songer à me sauver;
Il est temps que je détourne
Mon cœur de l'iniquité,
Et qu'enfin je m'en retourne
Vers celui que j'ai quitté.

4me TABLEAU — LE PRODIGUE, LE PÈRE

LE PRODIGUE

Voici, cher père, à genoux
Un fils indigne de vous;
Si vous daignez me permettre
D'entrer en votre palais,
Ce me sera trop que d'être
Comme l'un de vos valets.

J'ai péché contre les cieux,
Je n'ose y lever les yeux.
J'ai péché contre vous-même,
Je crains de vous regarder.
Ma douleur en est extrême,
Je suis prêt à m'amender.

Je me soumets de bon cœur
A votre juste rigueur;
Je ne veux plus vous déplaire,
Oubliez ce que je fis;
Vous êtes encor le père
De ce misérable fils.

LE PÈRE

Cher enfant, embrasse-moi,
Je brûle d'ardeur pour toi;
Mes entrailles sont émues
Et de joie et de pitié;
Par ton retour tu remues
Tout ce que j'ai d'amitié.

Laquais, cherchez des souliers,
Et les mettez à ses pieds;
Prenez à ma garde-robe
Une bague pour son doigt,
Avec sa première robe
Puisqu'il revient comme il doit.

Qu'on prépare le veau gras,
J'ai mon fils entre mes bras;
Il avait perdu la vie,
Mais il est ressuscité;
Chers amis, je vous convie
A cette solennité.

5me TABLEAU — TOUS LES ACTEURS

MORALITÉ

C'est ainsi que le Seigneur
Reçoit le pauvre pécheur;
Il l'embrasse, il le console,
Il l'aime plus que jamais,
Et, d'une simple parole,
Il remplit tous ses souhaits.

Fais donc, pécheur, par amour,
Vers Dieu ce parfait retour;
Tu recouvreras la grâce
Et les dons du Saint-Esprit;
L'ennemi rendra la place
De ton cœur à Jésus-Christ.

Tes mérites suspendus
Te seront enfin rendus;
Ta paix en sera parfaite,
La terre t'en bénira;
Tout le ciel en fera fête
Et l'enfer en rougira.

LE

MARTYRE DE S. EUSTACHE

LE
MARTYRE DE S. EUSTACHE

DRAME EN DOUZE TABLEAUX

PERSONNAGES

Jésus, Placide puis Eustache, Théopiste femme d'Eustache, Leurs enfants, un nautonnier, un Paysan, l'Empereur Adrien, les députés de l'Empereur.

1er. TABLEAU JÉSUS, PLACIDE appelé EUSTACHE, après son baptême

JÉSUS

Que t'ai-je fait, Placide, réponds-moi?
Que t'ai-je fait, que tu me persécutes?
Je suis Jésus, mort sur la croix pour toi,
Je te poursuis, bien que tu me rebutes.

PLACIDE

Pardon, Seigneur, de tout ce que j'ai fait,
Apprenez-moi ce qu'il faut que je fasse;
Pour me punir et me rendre parfait,
Je ne vois rien que pour vous je n'embrasse.

JÉSUS

Va, sans délai, va prendre tous les tiens;
Va recevoir avec eux le baptême.
Dès le moment que tu seras chrétien,
Tu souffriras pour l'amour de moi-même.

2me TABLEAU — JÉSUS, EUSTACHE

EUSTACHE

Je suis chrétien et tout prêt à souffrir
Que vous m'ôtiez enfants et biens et femme;
Les plus grands maux qui se pourront offrir,
Pour votre amour seront doux à mon âme.

JÉSUS

Tu perdras tout, enfants et femme et biens,
On te dira le Job évangélique;
En tenant bon, comme font tous les miens,
Tu feras voir un amour héroïque.

3me TABLEAU — EUSTACHE, sa femme THÉOPISTE et leurs enfants

EUSTACHE A SA FEMME

Suivons Jésus, ô ma chère moitié!
Bénissons-le de ce qu'il nous décharge;
Tous nos amis ont manqué d'amitié
Dès qu'ils m'ont vu sans argent et sans charge.

THÉOPISTE

Je le bénis avec vous de nos croix;
Eloignons-nous des terres de l'Empire;
Allons gémir tous quatre dans un bois,
En attendant de souffrir le martyre.

4me TABLEAU — LES MÊMES, UN NAUTONNIER

EUSTACHE

Cher nautonnier, par pure charité,
Voudriez-vous nous passer en Egypte?
Soyez touché de notre pauvreté,
Vous en aurez devant Dieu le mérite.

LE NAUTONNIER

Embarquons-nous et traversons les mers,
Nous dirigeant vers l'Egypte ou Pergame ;
Mais dans le port, malgré tes pleurs amers,
Je t'en préviens, je ravirai ta femme.

EUSTACHE

Quel déplaisir ! hélas ! quel crève-cœur !
Ce nautonnier veut ravir ma colombe.
Mon Dieu, mon tout, qui voyez ma douleur,
Secourez-moi, car sans vous je succombe.

THÉOPISTE

Mon chaste époux, ne vous alarmez pas ;
Allez-en paix, allez, mon cher Eustache ;
Soyez certain que jusqu'à mon trépas
Je garderai ma pureté sans tache.

5me TABLEAU — EUSTACHE et ses deux Enfants

EUSTACHE

Mes chers enfants, pleurons ici tous trois
Sur cette plage où l'on nous abandonne,
Oh ! ciel ! qu'entends-je au milieu de ce bois ?
Quel est ce bruit qui jusqu'ici résonne ?

CHAQUE ENFANT

Mon père hélas, venez à mon secours
Pour terrasser cette bête cruelle.
Mais c'est trop tard ; adieu, donc pour toujours
A nous revoir dans la vie éternelle.

6me TABLEAU — EUSTACHE seul

Deux animaux ont emporté mes fils,
Et je n'ai pu sauver ni l'un ni l'autre ;
Je n'ai plus rien qu'un petit crucifix
Pour m'y coller, comme le grand apôtre.

7ᵐᵉ TABLEAU — EUSTACHE, UN PAYSAN

LE PAYSAN

Mon bon ami, viens garder mes troupeaux,
Je te promets le pain sec du ménage,
Le ciel pour toit, pour maison les côteaux,
Le roc pour lit, l'eau pure pour breuvage.

EUSTACHE

Grâces à Dieu, je garde les moutons,
Moi qu'on a vu commander une armée ;
Pour vêtements j'ai de pauvres haillons,
Tant il est vrai que tout n'est que fumée !

8ᵐᵉ TABLEAU — EUSTACHE, LES DÉPUTÉS de l'Empereur

LES DÉPUTÉS

Pauvre berger, quittez là vos brebis ;
Notre Empereur veut essuyer vos larmes.
Dépouillez-vous, prenez ces beaux habits ;
Il vous attend pour diriger ses armes.

EUSTACHE

Dieu de mon cœur ! j'adore vos desseins,
Lorsque je vais combattre pour l'Empire.
Faites, grand Dieu ! qu'en imitant vos saints,
Je puisse un jour mourir par le martyre.

9ᵐᵉ TABLEAU — LES DEUX FILS de St Eustache

LE FRÈRE CADET

Cher compagnon, quel pays est le tien ?
Contons ici tous deux nos aventures ;
Délassons-nous par ce doux entretien,
Et bénissons l'auteur des créatures.

L'AINÉ

Je ne sais point quel est mon lieu natal,
Mais je sais bien qu'un lion effroyable,
Me prit aux dents quand, par un coup fatal,
Un loup ravit mon frère tout aimable.

J'étais tout seul sur le bord d'un ruisseau
Quand je perdis Eustache mon bon père ;
Et depuis peu le maître d'un vaisseau
Avait ravi Théopiste ma mère.

Depuis ce temps j'ai toujours désiré
Qu'on m'en donnât quelque bonne nouvelle,
Mais c'est en vain que j'ai tant soupiré.
Ah ! d'y penser ma croix se renouvelle.

LE CADET

Oh ! quelle joie et quel heureux moment !
Vous êtes donc Agapit mon bon frère.
Mais notre cœur serait bien plus content !
Si nous avions encore et père et mère !...

10me TABLEAU — LES MÊMES, THÉOPISTE leur mère

THÉOPISTE

Consolez-vous, mes enfants bien-aimés,
Quelle faveur, quelle rencontre heureuse !
Vous êtes bien ceux que j'ai tant pleurés ;
Ah ! mes chers fils, que mon âme est joyeuse !

Rendons tous trois, rendons grâces à Dieu,
Et demandons, en priant sans relâche,
Qu'avant la mort, nous sachions en quel lieu
S'est retiré votre cher père Eustache.

Allons-nous en trouver le général ;
J'ose espérer que ma douleur amère
Obtiendra tout de son cœur libéral,
Quand il saura que je suis votre mère.

11me TABLEAU — LES MÊMES, EUSTACHE

THÉOPISTE

Grand général, j'ai perdu mon époux,
Votre cœur sait combien ma perte est grande;
Ces deux soldats qui combattent sous vous
Ce sont mes fils qu'humblement je demande.

EUSTACHE

Mon cœur ressent votre extrême douleur ;
Relevez-vous, ô femme infortunée !
Apprenez-moi d'où vous vient ce malheur
Que votre époux vous ait abandonnée.

THÉOPISTE

Un nautonier me retint sur son bord,
En déposant mon cher Eustache à terre ;
Mais le Seigneur punit soudain ce tort,
En l'écrasant par un coup de tonnerre.

EUSTACHE

Serait-il vrai ? Dieu du Ciel ! quel bonheur !
Vous êtes donc ma chaste Théopiste.
Ne pleurez plus ; bénissons le Seigneur.
Je suis celui dont le sort vous attriste.

Mes chers enfants ! pour qui j'ai tant pleuré.
Embrasez-moi ; mon cœur tressaille d'aise ;
Mais soyons prêts, car il est assuré
Que nous mourrons tous quatre sur la braise.

12ᵐᵉ TABLEAU — EUSTACHE, sa femme, leurs enfants
l'Empereur ADRIEN

L'EMPEREUR ADRIEN

Viens rendre honneur à nos dieux immortels,
De qui tu tiens tes enfants et ta femme ;
Brûle l'encens au pied de leurs autels,
Si tu ne veux brûler de cette flamme.

EUSTACHE

C'est à Jésus que je dois cet honneur,
C'est à lui seul que je veux rendre hommage ;
Et tes faux dieux, objet de mon horreur,
N'auront de moi que mépris et qu'outrage.

ADRIEN

Enfermez-le dans ce taureau d'airain,
Sa femme aussi, ses deux enfants encore.
C'est par le feu que j'en veux voir la fin,
Pour apaiser les grands dieux que j'adore.

TOUS QUATRE

O doux Jésus! qui possédez nos cœurs,
Embrasez-les de vos divines flammes.
Nous vous prions de nous rendre vainqueurs
Et dans le ciel de recevoir nos âmes.

DRAMES HISTORIQUES

DEUXIÈME PARTIE

RAOUL LE VAILLANT

RAOUL LE VAILLANT

DRAME HISTORIQUE EN 3 ACTES

PERSONNAGES

Raoul iv dit le vaillant, comte de Vermandois de Valois, père de St Félix de Valois par son premier mariage avec Eléonore de Champagne, qu'il répudia, pour épouser Adèle, fille de Guillaume, comte d'Aquitaine.

Eléonore, comtesse de Champagne, Epouse de Raoul.

Hugues de Valois, fils de Raoul et d'Eléonore. Elève de St Bernard à Clairvaux, il prit part à la seconde croisade, puis se retira dans le désert où il reçut le nom de Félix. Après de longues années passées dans la solitude, d'abord en Italie puis à Cerfroid, il devint en 1198 le coopérateur de St Jean de Matha dans la fondation de l'Ordre de la Très-Sainte Trinité pour le rachat des captifs. Né en 1128 il mourut l'an 1212.

Thibaut iv, comte de Champagne, frère d'Eléonore.

Henri, fils de Thibaut.

Herbert, confident de Raoul.

Alix, suivante d'Eléonore.

Manfride, autre suivante d'Eléonore, plus jeune qu'Alix.

St Bernard, Abbé de Clairvaux, cousin d'Eléonore.

Plusieurs religieux de Clairvaux, à la suite de St Bernard.

Tous ces personnages sont historiques à l'exception d'Herbert, d'Alix et de Manfride. (Voir la vie de St Félix de Valois, livre ii, chap. Ier.)

RAOUL LE VAILLANT

DRAME HISTORIQUE EN TROIS ACTES

PREMIER ACTE

AU CHATEAU DE CRÉPY, RÉSIDENCE DE RAOUL COMTE DE VALOIS

La scène représente une pièce richement meublée.

1re SCÈNE — MANFRIDE, ALIX

MANFRIDE

N'a-t-on pas dit, Alix, que bientôt nous irons, à la suite de notre bonne maîtresse, faire un pèlerinage au sanctuaire de Clairvaux ?

ALIX

Je l'ai appris, en effet.

MANFRIDE

J'en ressens, pour ma part, la plus vive satisfaction, Quelle douce paix on respire en ces lieux ! Oh ! c'est bien la maison de Dieu et la porte du ciel !

ALIX

Puisse la noble comtesse de Valois oublier un instant, dans cet heureux séjour, ses indicibles chagrins ! Elle essaie de nous les cacher, mais notre affection pour elle ne devine facilement toute l'amertume. Plus elle oppose de douceur aux emportements de son époux, plus la conduite de celui-ci devient à nos yeux inexcusable.

MANFRIDE

Quelle peut être, Alix, la cause de l'antipathie actuelle du comte Raoul pour sa pieuse compagne? Car autrefois, dit-on, il n'en était point ainsi.

ALIX

Non certes. A peine arrivée au château de Crépy, puis à la cour de France, la princesse de Champagne y devint l'objet d'une respectueuse considération, par sa conduite irréprochable. Piété sincère, attachement inviolable à ses devoirs, modestie sans égale, toutes ces qualités en avaient fait un modèle accompli pour les personnes de son sexe et de son rang. Raoul subissait l'influence de tant de vertus et chérissait tendrement son épouse. Les liens de cette parfaite union furent bientôt resserrés encore, par la présence du jeune prince que le ciel accorda à leurs vœux.

MANFRIDE

Oh! que vous deviez vous estimer heureuse, Alix, de jouir de ce beau spectacle!.

ALIX

Ah! sans doute. La naissance de cet enfant avait causé au comte une joie inexprimable. Il se voyait revivre dans le fils qu'il venait de recevoir, et il le considérait déjà comme l'espoir de sa famille et le soutien de sa maison. Ce fut pour lui l'occasion de fêtes splendides où il reçut avec une vive satisfaction les compliments et présages de bonheur qui lui arrivaient de toutes parts ; mais, sachant bien, d'ailleurs, que toute cette félicité et ces espérances il les devait à sa fidèle et douce Éléonore, il l'entourait alors de toute sorte d'égards et se montrait partout très-satisfait d'avoir un son sort à celui de cette vertueuse princesse.

MANFRIDE

Plus vous vous attachez à me dépeindre le bonheur sans mélange dont jouissaient alors nos maîtres vénérés, plus vous me rendez impatiente de savoir quelle a pu être la cause du changement si complet qui s'est opéré dans la conduite du comte Raoul.

ALIX

Je le dirai, puisqu'il le faut. Une circonstance imprévue vint malheureusement troubler l'harmonie qui régnait dans cette heureuse famille. Le Roi de France avait choisi pour épouse à son fils, qui devait être aussi son héritier, la princesse Aliénor, fille aînée du duc d'Aquitaine. Il chargea du soin de négocier cette affaire le comte Raoul et son beau-frère Thibaut, comte de Champagne.

MANFRIDE

Je ne vois pas en quoi ces préparatifs ont pu nuire au repos de notre bonne comtesse et détacher d'elle le cœur de son époux.

ALIX

Attendez. Raoul, tout en traitant pour son souverain, ne négligea point ses propres affaires; je me trompe, il les négligea entièrement, puisque, se laissant prendre aux lacets du démon, il en vint à risquer le salut de son âme et à sacrifier le repos de sa conscience, pour satisfaire d'injustes désirs.

MANFRIDE

Comment cela? Hâtez-vous de m'en instruire.

ALIX

Guillaume, duc d'Aquitaine, avait une seconde fille nommée Adèle, également nubile. Outre une éclatante beauté, cette princesse devait apporter à celui qui l'épouserait d'immenses richesses; de plus, le mariage de sa sœur Aliénor allait la rendre membre de la famille royale de France. C'en était assez pour faire prétendre à sa main plus d'un noble seigneur.

MANFRIDE

Et Raoul a osé?...

ALIX

Soit que Raoul ait été séduit par les charmes de la jeune princesse Adèle, soit qu'il ait ouvert son cœur à la cupidité et à l'ambition, toujours est-il qu'au mépris des liens sacrés qui l'enchaînent à la comtesse Eléonore de Champagne, au mépris du jeune fils qu'il en a eu, au mépris de son propre honneur et de sa réputation, il a résolu de devenir lui-même le gendre du duc Guillaume; et voilà la cause réelle et sans doute unique de cette froideur et de cette antipathie qu'il n'a pas tardé à laisser paraître contre sa légitime et vertueuse épouse.

MANFRIDE

Mais n'est-il pas vrai qu'en France les princes du sang ne peuvent contracter alliance qu'avec l'agrément du roi? Et le roi peut-il approuver un projet que condamnent également et la religion, et la justice, et l'honneur?

ALIX.

C'est, cependant, ce qui a eu lieu. Eléonore dédaignée et disgraciée, s'est montrée aussi patiente dans le malheur qu'elle avait été humble dans la prospérité; les rebuts et les mépris n'ont pu altérer son angélique douceur, et nous savons qu'aucune récrimination ne s'échappe de ses lèvres. Dieu seul est le confident de son immense douleur. Néanmoins, sa présence à la cour gênait encore le comte Raoul. Il a parlé de ses projets au nouveau roi son cousin. Il a fait jouer tous les ressorts de la politique. Il a parlé de sa puissance, des services qu'il a déjà rendus à la royauté, de l'appui qu'il peut prêter encore au souverain, pour réduire à l'obéissance des vassaux rebelles, et le roi, trop jeune encore pour voir toutes les conséquences d'une décision injuste et précipitée, a eu l'inconcevable faiblesse de consentir à la réalisation des projets du comte de Valois.

MANFRIDE

Oh! Dieu! mais n'y a-t-il donc plus dans le ciel un vengeur du crime et un protecteur de l'innocence opprimée?

ALIX

On va même jusqu'à dire, mais je ne puis le croire, que notre souverain a promis à Raoul son appui contre les défenseurs des droits d'Eléonore. Quoi qu'il en soit, Raoul a déjà cru pouvoir tout oser. Il a semé partout le bruit qu'il existe entre lui et la princesse de Champagne des liens de parenté à un degré prohibé par l'Eglise, et sans se donner la peine de consulter à Rome, il a voulu faire déclarer la nullité de son premier mariage.

MANFRIDE

Oh ciel ! quelles infernales machinations! Dieu ne peut manquer de punir tant de déloyauté, et sans doute il a permis ce déchaînement de passions contre notre vertueuse princesse, pour faire briller aux yeux de tous son incomparable vertu et pour lui faire acquérir dans le ciel des jouissances bien préférables à celles dont on veut la priver ici-bas. Mais dites-moi : puisque le comte la dédaigne actuellement et qu'il veut s'en séparer bientôt, comment se fait-il qu'il veuille encore l'accompagner à Clairvaux ?

ALIX

Eléonore, toujours soumise à son époux, lui a témoigné le désir de faire une visite à son cousin, le saint abbé Bernard. On conçoit facilement qu'une mère si chrétienne ait voulu présenter à Dieu son enfant dans le sanctuaire si renommé de Clairvaux, et attirer ainsi sur lui et sur elle-même les plus abondantes bénédictions du ciel. Sans doute aussi elle voulait puiser dans les conseils du vénérable anachorète le courage et les lumières qui lui sont si nécessaires dans les conjonctures où elle se trouve placée.

MANFRIDE

Rien de plus naturel et de plus légitime que cette démarche.

ALIX

Assurément ; mais Raoul, considérant l'estime et l'autorité sans égales dont jouit le saint abbé auprès de tous les princes chrétiens et surtout à la cour de Rome, Raoul a craint sans doute que la comtesse Eléonore n'excitât contre lui le zèle ardent de son cousin et que celui-ci n'obtînt enfin de Rome une sentence d'excommunication. Aussi a-t-il tâché de faire revenir Eléonore sur sa détermination d'aller à Clairvaux, et, ne pouvant y réussir, il a annoncé que, lui aussi, il prendrait part à ce pèlerinage pour y présenter ses propres hommages à l'abbé Bernard.

MANFRIDE

Ne pourrait-on pas croire aussi que son âme s'est ouverte enfin au repentir ?

ALIX

Je ne puis le croire. Vous verrez qu'il arrivera à Clairvaux après la comtesse, pour détruire, par ses perfides insinuations, le bon effet que les paroles d'Eléonore auront pu produire sur l'esprit du vénérable abbé. Je crois même qu'avant le départ pour Clairvaux il tâchera encore d'obtenir d'Eléonore qu'elle renonce à ce voyage ; qu'elle garde le silence au sujet des mauvais traitements dont elle est l'objet, ou que, du moins, elle consente a cette séparation, afin de rendre sa conduite moins odieuse aux gens de bien. Non, le comte ne se repent pas, et la preuve, c'est qu'il prend toutes ses précautions pour préparer une brillante réception à la princesse d'Aquitaine.

MANFRIDE

Oh ! vertueuse comtesse Eléonore ! puisse au moins notre fidélité à vous aimer et à vous servir vous consoler un peu de tant d'amères déceptions ! Ah ! chère Alix ! qu'il est bien vrai que les grandeurs de ce monde sont vaines et trompeuses. Elles ne sauraient donner ni le repos ni le bonheur.

ALIX

Vous parlez sagement. Mais qu'entends-je de ce côté ? C'est la voix du comte Raoul. Sortons Manfride, sortons d'ici ; je ne veux point me trouver en face de ce parjure.

2ᵐᵉ SCÈNE — RAOUL, HERBERT son confident

RAOUL

N'ai-je pas vu s'éloigner les filles d'Eléonore ? Elles

semblent vouloir me fuir. J'aurais besoin d'elles, cependant, pour obtenir enfin le consentement d'Eléonore.

HERBERT

Rien de plus aisé que de les gagner. Avec de l'or on peut arriver à tout, surtout auprès de ces gens du peuple qui ne visent qu'à s'enrichir.

RAOUL

Ce n'est pas toujours aussi facile que vous me semblez le croire.

HERBERT

Je me fais fort d'y parvenir et même de les faire consentir à mettre leur dévouement au service de la princesse Adèle.

RAOUL

Nous verrons bien ce qu'il en sera, et, sans plus tarder, faites-les venir ici, et surtout Alix, dont l'appui nous est plus précieux. Elle me paraît dominer sa compagne et même influencer les résolutions de la comtesse Eléonore, dont elle soigne le jeune enfant.

HERBERT

Je m'y rends à l'instant, Seigneur, pour vous plaire.

3me SCÈNE — RAOUL seul

Il faut bien qu'il m'aide à sortir de ce mauvais pas, puisqu'il m'y a engagé. Ah ! si j'avais écouté toujours les conseils de l'abbé Suger ! Je jouirais maintenant encore de la tranquillité de mes premières années et je ne rougirais pas de prendre entre mes bras ce jeune enfant qui m'appelle son père ! (*Il réfléchit un instant et ajoute*) : Mais il faut avouer aussi que les riches domaines que j'attends du duc Guillaume valent bien la peine que je m'intrigue un peu pour les acquérir. Si je pouvais seulement faire consentir Eléonore à notre séparation, Rome probablement ne dirait plus rien. Elle accepterait le fait accompli. J'aurais gagné d'un seul coup plus de trente villes ou châteaux forts ; j'aurais apaisé les vains scrupules de ma conscience, et tout cela sans renoncer aux affections de mon cœur ; mais les voici.

4me SCÈNE RAOUL, HERBERT, ALIX

RAOUL

Je suis heureux, Alix, de saisir cette occasion pour vous féliciter du dévouement que vous n'avez cessé d'accorder à notre famille.

ALIX

C'est trop de bonté, noble seigneur, je ne désire autre chose que de continuer à faire auprès de vous la volonté du ciel.

HERBERT (à part)

J'avais bien dit qu'elle serait souple et docile.

RAOUL

Je n'attendais pas moins de vous, Alix, et je sais que votre sagesse et votre intelligence seront toujours à la hauteur de vos devoirs.

ALIX

Seigneur, que puis-je faire en ce moment pour vous?

RAOUL

Rien de bien difficile. Vous n'ignorez point les difficultés de notre position actuelle; la comtesse Eléonore a dû vous en instruire.

ALIX

Sans doute, et je voudrais pouvoir tarir ses larmes et lui rendre sa félicité première.

RAOUL

Vous le pouvez, Alix. Il vous faudra, usant de la légitime influence que vous avez auprès d'elle, lui conseiller de se désister volontairement du haut rang qu'elle occupe à la cour.

ALIX

Comment! je coopérerais à cet acte d'iniquité, moi sa

suivante ! moi qu'elle daigne honorer de sa confiance, et, j'ose le dire, de son amitié ! Et comment pourrais-je désormais me présenter devant elle et soutenir ses regards ?

RAOUL

J'y ai pourvu, Alix, et en récompense de la fidélité que vous avez mise au service d'Eléonore, je vous offre le même emploi auprès de la princesse d'Aquitaine ; j'y ajouterai même, s'il le faut de nouvelles faveurs.

ALIX

Vous devrez, seigneur, les offrir à d'autres. Pour moi, qui ai eu l'avantage de connaître les nobles qualités de la comtesse de Champagne, je ne puis m'expliquer la conduite de ceux qui osent la dédaigner, et, bien loin de l'amener à consentir à la résiliation de son mariage, je m'efforcerai au contraire de la soutenir dans son opposition. Elle m'était bien chère dans sa prospérité, mais sa cause est devenue sacrée pour moi depuis qu'on l'a plongée dans un abîme de malheurs.

HERBERT

Vous n'avez sans doute point compris, Alix, que le puissant comte de Valois veut assurer votre fortune et, je le pense aussi, vous anoblir.

ALIX

Et cela aux dépens de ma conscience et de mon devoir ! Herbert, j'ai tout compris, mais je sais que ce n'est point la fortune qui donne le contentement, quand on la sépare de la vertu. Quant aux titres de noblesse que vous faites briller à mes yeux, j'ai appris à m'en passer, et j'ai pour maxime que nulle grandeur sur la terre ne peut égaler celle que le chrétien puise dans son baptême et dans son titre d'enfant de Dieu.

HERBERT

Mais ne redoutez-vous point, Alix, que votre obstination ne vous attire la colère de ceux qui voulaient être vos protecteurs ?

ALIX

Je ne crains que d'offenser le souverain Seigneur.

Ceux dont vous me menacez, Herbert, après tout, ils ne sont que des hommes, mortels comme moi ; mais celui qui connaît votre lâche conduite, vos perfides conseils et qui les punira, sachez le bien, Herbert, celui-là c'est un Dieu. (*Elle sort.*)

RAOUL

Ne vous l'avais-je pas bien dit ? C'est une rude chrétienne.

HERBERT

Avec de telles conseillères il n'est pas étonnant que la comtesse résiste ; mais, au reste, que vous êtes bon de garder tant de mesures ! Voyez vous-même Eléonore ; intimez-lui vos ordres, puis agissez, mais surtout hâtez-vous de traiter avec elle, avant qu'Alix ait eu le temps de lui rapporter la conversation qui vient d'avoir lieu.

5me SCÈNE — RAOUL, ÉLÉONORE conduisant HUGUES par la main

ÉLÉONORE

Je vous cherchais, Raoul, lorsque j'ai entendu prononcer mon nom. M'auriez-vous appelée ?

RAOUL

Etes-vous seule, Eléonore ?

ÉLÉONORE

J'ai laissé un instant mes suivantes au pied des autels. Je voulais moi-même aussi vous parler sans témoins.

RAOUL

Etes-vous devenue enfin plus traitable ?

ÉLÉONORE

Mais je fus toujours prête à vous accorder tout ce que ma conscience me dit être de mon devoir.

RAOUL

La foi dont vous êtes animée vous a fait comprendre, je n'en doute pas, que vous ne pouvez, sans manquer aux

js de l'Eglise, demeurer plus longtemps avec moi en
ıalité d'épouse, puisque vous êtes en même temps ma
ousine.

ÉLÉONORE

Ma religion me dit que quand notre Mère, la sainte
Église, a une fois parlé, sa décision est irrévocable et
qu'elle ne peut condamner aujourd'hui ce qu'elle a approuvé et béni autrefois.

RAOUL

C'est, cependant, ce qu'elle a fait.

ÉLÉONORE

J'entends ; vous voulez me faire prendre pour une décision de l'Église le jugement porté dernièrement par
eux ou trois évêques que l'on a réussi à tromper, et qui
egretteront leur sentence, quand la vérité leur sera
onnue. Pour moi, Raoul, il n'y a qu'un seul arbitre qui
uisse juger et terminer ce différend : c'est le Souveain Pontife. Il a reçu de vous une hospitalité princière
u ce château de Crépy, pendant son séjour en France.
ous avez été son bienfaiteur aux jours de son infor-
une, et assurément il vous aime assez pour ne vouloir
ue votre avantage et votre bonheur. Consultez-le donc,
t quelle que soit sa décision à notre égard, je m'engage
 la regarder comme l'oracle de Dieu même et à m'y
onformer.

RAOUL

Prétendriez-vous maintenant me donner des conseils ?

ÉLÉONORE

Hélas! à peine puis-je encore vous faire entendre ma
oix. Raoul, je vous en supplie, souvenez-vous du bon-
eur que notre mutuelle affection vous fit goûter autre-
ois; mais si j'ai eu le malheur de vous devenir moi-
ême odieuse, prenez au moins pitié de ce pauvre inno-
ent. Oseriez-vous le renier ? Voulez-vous que ce cher
nfant, dont la naissance vous apporta une si grande
oie, ne soit plus désormais qu'un orphelin déshérité ?

RAOUL

Encore une fois, Eléonore, je ne suis plus d'âge à recevoir patiemment les remontrances d'une femme.

ÉLÉONORE

Songez du moins, je vous en conjure, au sang que vous allez faire répandre. Ah ! la triste Eléonore ne se plaindra point. Elle pleurera et priera en silence, mais d'autres voudront s'armer pour elle et faire cesser cette criminelle union qui offense Dieu et ses fidèles serviteurs.

RAOUL

Je ne doutais nullement qu'on ne voulût encore mettre ce comte de Champagne comme un épouvantail devant mes yeux; mais quoi ? Raoul-le-Vaillant, Raoul possesseur de riches et puissants domaines, aurait donc peur de votre frère Thibaut ? Et quand je me vois soutenu par mon cousin, le roi de France, je redouterais de me mesurer avec quelques vassaux inquiets et turbulents ? Non, mille fois non ; armé de ma vaillante épée, je combattrai à outrance tous ceux qui voudront m'attaquer, dussé-je passer sur leurs corps pour défendre mes droits et ceux d'Adèle d'Aquitaine. (*Il sort précipitamment.*)

4me SCÈNE ÉLÉONORE tenant par la main son fils HUGUES

ÉLÉONORE

Je devais m'y attendre ! Tout est fini; il ne me reste plus d'espoir. Oh ! mon Dieu ! (*Regardant son fils.*) Toi, du moins, tu me restes, ô cher ange que Dieu m'a donné ; mais tu n'as plus de père ici-bas, et moi... moi je n'ai plus d'époux !...

(*Eléonore chante les vers suivants, sur l'air des Adieux de Marie Stuart*) :

1.

L'ingrat ! hélas il me délaisse
Dans un profond isolement;

Pour moi pas un mot de tendresse
Pas un regard pour son enfant,
Pourtant, je n'ose, ô Dieu suprême !
Recourir à ton bras vengeur,
Et, je consens, pourvu qu'il t'aime,
A ne plus posséder son cœur...

REFRAIN

Adieu, Adieu !....
Aux plaisirs de la terre,
Toujours vains et trompeurs,
Mon âme pour toujours préfère,
Les célestes douceurs. (*Ter.*)

2.

Il dort du sommeil de son âge,
Radieux comme aux premiers jours ;
Ce doux repos fut mon partage,
Puisse-t-il le goûter toujours ;
Mais déjà, du sein de l'orage,
Sur son berceau la foudre a lui.
O Seigneur ! d'un noble courage
Arme son cœur, veille sur lui !

3.

O Vierge sainte, en toi j'espère !
Ta main bénit, ton bras défend ;
Exauce les vœux d'une mère
Qui t'implore pour son enfant !
Toi-même, en ce séjour de larmes,
Tu connus l'amère douleur ;
Tu peux mesurer les alarmes
Et les angoisses de mon cœur.

4.

Tu le sais, ô Vierge si bonne !
En ces beaux jours qui ne sont plus,
Je vis mon fils de sa couronne
Ceindre le front de ton Jésus.
Oh ! daigne lui rendre légère
La croix qu'il reçut sur son cœur,
Et puisse-t-il avec sa mère,
Régner en l'éternel bonheur.

DEUXIÈME ACTE

AU MONASTÈRE DE CLAIRVAUX

La Scène représente une pièce obscure, garnie de quelques meubles grossiers.

1re SCÈNE — SAINT BERNARD, ÉLÉONORE

SAINT BERNARD

Soyez ici la bienvenue, noble et vertueuse comtesse ; vous trouverez au moins, dans notre paisible retraite, des cœurs qui savent compatir à vos amères tristesses ; et que ne puis-je moi-même y apporter un remède efficace ! Dites, que puis-je faire pour vous ?

ÉLÉONORE

Pardonnez-moi, mon père, le trouble étrange où je me trouve en ce moment. Hélas ! il est des heures si amères dans la vie ! J'ai essuyé auprès de mon mari une dernière déception. Il me semblait qu'un entretien personnel avec Raoul pourrait dissiper ses préventions et le ramener au devoir. Hélas ! je me berçais d'une vaine illusion. Tout espoir pour moi est maintenant évanoui !...

SAINT BERNARD

Je vous comprends, ma bonne cousine, je sais tout ce que vous avez souffert. Dieu a bien voulu m'en instruire dans ma solitude, pour vous épargner de trop pénibles confidences. L'or se purifie dans le creuset, et de même l'âme fidèle ne peut opérer son ascension vers le ciel que par les voies crucifiantes. Vous devez vous attendre encore à de longues épreuves, mais soyez toujours ferme et généreuse. Le Seigneur étendra sur vous sa puissante main. Il est la source de toute consolation et il ne laisse sans récompense ni une larme, ni un soupir.

ÉLÉONORE

Vos paroles, ô mon Père, sont pour mon pauvre cœur comme une rosée bienfaisante. Elles lui font oublier en un instant bien des angoisses, et lui donnent de nouvelles forces pour une complète immolation.

SAINT BERNARD

Les peines du cœur sont, il faut bien l'avouer, les plus cuisantes et les plus cruelles. Ce sont elles qui portent les coups les plus terribles à notre fragile existence. Le travail, les jeûnes, les macérations usent le corps, mais ne le tuent pas; l'énergie qu'il puise dans le contentement intérieur le soutient admirablement, mais, lorsque l'âme est contrariée dans ce qu'elle a de plus cher, lorsqu'elle est brisée dans ses plus légitimes affections, oh! alors, elle s'affaisse sur elle-même et il n'y a que la volonté expresse du Seigneur qui puisse l'empêcher de rompre ses liens terrestres et de s'envoler dans la véritable patrie.

ÉLÉONORE

Oh! Je reconnais bien maintenant, vénérable Père, que le Seigneur a daigné vous révéler lui-même ce qui se passe dans les replis de mon âme. Dédaignée et rebutée par celui qui, après Dieu, possède toute mon affection, j'endure, il est vrai, une continuelle et douloureuse torture, qui ne peut qu'abréger les jours de mon exil. Toutefois, j'ose vous assurer que mon propre sort n'est point ce qui m'afflige le plus; non, ce n'est point là ma plus grande peine, mais le comte a une âme..... une âme unie à la mienne par des liens indissolubles. Or Adèle d'Aquitaine pourra-t-elle bien lui rendre cette éternité de bonheur qu'il ose lui sacrifier?

SAINT BERNARD

Le comte votre époux s'engage assurément dans la voie de la perdition. Il y subira la mort éternelle, à moins que Dieu, dans sa miséricorde, ne lui fasse trouver le salut dans les revers et les afflictions qui vont suivre sa faute.

ÉLÉONORE

Oh! que ne puis-je, au prix même d'un redoublement de souffrances, lui épargner cette chute et le châtiment qui devra amener le repentir! Oui, mon Père, pour lui je suis prête à tout souffrir : s'il ne m'aime plus, si ma présence lui est odieuse, je consens..... oui, je consens volontairement à tout ce qu'il exigera de moi, pourvu qu'il n'expose point son salut éternel, en épousant Adèle d'Aquitaine. Est-ce assez ?

SAINT BERNARD

Oui, ma chère cousine; mais, au reste, je veux essayer moi-même de le ramener à son devoir et de faire briller dans son âme la lumière de la vérité.

ÉLÉONORE

Et maintenant, oserai-je attirer votre attention et vos prières sur un pauvre orphelin, abandonné de celui qu devait être son protecteur?

SAINT BERNARD

Rassurez vous pour lui, noble comtesse; ses destinées ne sont point ordinaires. C'est un astre nouveau dans le firmament de l'Eglise, et, bien que son lever soit enveloppé de ténèbres et d'obscurité, il répandra plus tard fort au loin sa bienfaisante lumière. On vous proclamera vous-même bienheureuse pour avoir donné le jour à un tel fils.

ÉLÉONORE

Vous pensez dès lors, ô digne Père! que le songe mystérieux, qui m'a semblé présager ses futures destinées, n'est point une vaine illusion de mon esprit.

SAINT BERNARD

Nous ne devons point, il est vrai, ajouter une foi entière aux pensées de notre esprit pendant le sommeil ; cependant, Dieu s'est plû quelquefois à instruire ses plus fidèles serviteurs par le moyen des songes. Parlez donc sans crainte, ô pieuse cousine. Dieu a, sans doute, voulu par cette connaissance anticipée vous prémunir contre les présentes déceptions.

ÉLÉONORE

Je n'avais point encore reçu de Dieu le fils qu'il devait m'accorder. Au premier soupçon que j'eus de mon bonheur, je voulus appeler les bénédictions célestes sur ce fruit de mes entrailles et le rendre par avance à celui qui me l'avait donné. Dans ce dessein, j'allai visiter les reliques de saint Hugues, que l'on conserve avec beaucoup d'honneur, vous le savez, mon Père, dans une prieuré de Bénédictins, au diocèse de Cambrai.

SAINT BERNARD

C'était une sainte pensée, Dieu ne pouvait manquer de la bénir.

ÉLÉONORE

Arrivée au but de mon pèlerinage, je commençai une neuvaine de prières et m'efforçai de me conserver dans le recueillement. A défaut de paroles, mon émotion et mes larmes parlaient à Dieu pour moi. Quand vint la dernière nuit de la neuvaine, je voulus la passer tout entière en oraison devant le saint corps, mais la fatigue l'emporta ; je m'endormis dans l'Eglise. Pendant mon sommeil, je vis l'auguste Marie, dont les regards fixés sur moi, étaient empreints de la plus vive tendresse, descendre du ciel entourée d'une multitude innombrable d'esprits angéliques. Dans ses bras, elle tenait deux enfants d'une ravissante beauté. Celui qui était à droite avait une croix nue et dépouillée de tout ornement, l'autre portait une couronne formée des plus belles fleurs de lis. Tout à coup ils firent entre eux un échange ; le premier enfant tendit la main à l'autre comme pour lui demander sa couronne et l'ayant reçue, il lui donna sa propre croix. Celui-ci, à son tour, fit de la croix deux parts, dont il garda l'une et me remit l'autre à moi-même.

SAINT BERNARD

Quelles furent vos impressions en cet heureux moment?

ÉLÉONORE

Je m'efforçais en vain de pénétrer le sens de ce spectacle merveilleux, quand tout à coup une seconde apparition vint éclairer mon esprit et fixer mes incertitudes. Les portes du temple s'ouvrent d'elles-mêmes, et je vois saint Hugues s'avancer avec une grande majesté, revêtu des ornements pontificaux et suivi d'un nombreux cortége de bienheureux. Il s'approche de moi et d'un air plein de bonté : « Réjouissez-vous, me dit-il, mère fortunée et chère au cœur de Dieu. Cet enfant si aimable que vous venez de voir au bras droit de la Vierge-Mère, ayant à la main une croix, c'est son fils unique, le très-doux Jésus; cet autre enfant que vous avez aperçu au bras gauche de la Reine des Anges, tenant en main une couronne de lis, c'est votre propre fils, qui préférera aux délices de la cour et aux plus belles espérances des grandeurs humaines, les privations d'une vie pauvre et méprisée du monde. C'est ainsi qu'il échangera les lis de ses aïeux contre la croix du Sauveur. Et vous aurez votre part de cette croix en ce que vous participerez au sort de votre enfant. Comme lui, vous arriverez au céleste séjour par la voie des souffrances et des humiliations. »

SAINT BERNARD

Encore une fois réjouissez-vous, ô heureuse Mère! Tout ce qui vous a été prédit s'accomplira; mais, dites-moi, quel nom avez-vous donné à votre enfant?

ÉLÉONORE

Je n'ai pas cru pouvoir lui en donner d'autre que celui de Hugues, porté par le saint que j'étais allée vénérer. C'était d'ailleurs aussi le nom de l'aïeul de l'enfant,

Hugues de France. Il était par là censé recevoir la double consécration de la sainteté et de la bravoure.

SAINT BERNARD

Ce choix était parfaitement motivé, mais sachez au reste, que votre enfant quittera lui-même ce premier nom lorsqu'il ira demander à la solitude la félicité de sa vie et ensevelir dans le désert les derniers souvenirs de ses grandeurs passées. Votre affection pour lui vous fait regretter, sans doute, de le voir à votre suite proscrit et spolié; mais consolez-vous, vous dis-je, l'heure de la réhabilitation sonnera pour cet enfant des rois. Il lui sera donné d'avoir une longue postérité; il dictera des lois à un nombre infini de sujets, sur lesquels il règnera par la douceur et l'amour; puis, une couronne ceindra ce front si noble et si pur, mais une couronne d'immortalité, plus brillante mille fois que le diadème d'ici-bas rêvé pour lui par l'amour maternel, et son nom vivra encore dans la mémoire des hommes, lorsque déjà toutes les familles royales seront descendues dans la tombe.

ÉLÉONORE

Toutes vos paroles, ô vénérable Père ! se gravent en traits de feu dans le fond de mon cœur; vos bontés me confondent autant qu'elles m'honorent. Veuillez toutefois me permettre de vous demander encore une grâce. Je voudrais que dans vos mains qui chaque jour tiennent la sainte victime, vous prissiez mon enfant pour l'offrir au Seigneur.

SAINT BERNARD

Il m'est doux, ma bonne cousine de me rendre à vos désirs. Nos frères seront heureux d'assister à cette pieuse oblation, et d'unir en cette circonstance, leurs prières aux nôtres. Permettez que j'aille les faire avertir.

ÉLÉONORE

Je vais de mon côté appeler mes suivantes pour les faire participer aux bénédictions de cette heureuse journée. Mais, les voici.

2me SCÈNE — ÉLÉONORE, ALIX et MANFRIDE, *puis arrive* SAINT BERNARD *avec plusieurs religieux. — Au fond une porte s'ouvre et laisse voir une statue de la T.-S.-Vierge, tenant l'Enfant Jésus. Saint Bernard prend par la main le jeune Hugues, tandis que tous les assistants tombent à genoux.*

SAINT BERNARD

Daignez, ô très-aimable Seigneur, daignez agréer en ce moment, et regarder d'un œil favorable cette victime royale que je viens vous consacrer, au nom de ses parents. Daignez par la rosée de votre sainte grâce, faire germer dans ce jeune cœur, les plus belles vertus. Nous voyons tous en lui un présent de votre main. Veuillez en prendre soin comme d'un bien qui n'appartient qu'à vous seul. Puisse-t-il avancer d'un pas égal en âge, en piété, en sagesse, afin qu'à sa sortie de cet exil d'un jour, il entre en possession de l'éternelle patrie. Et vous, ô Vierge bénie qui êtes la dispensatrice des trésors célestes, le canal par lequel les eaux de la grâce divine arrivent jusqu'à nous, daignez vous montrer toujours la mère de ce tendre enfant, et lui conserver cette sollicitude dont vous l'avez favorisé dès avant sa naissance. C'est là le vœu le plus ardent de sa pieuse mère, qui, ne pouvant oublier la vision mystérieuse du prieuré de Happes, ose compter toujours pour son fils sur vos plus douces faveurs.

Saint Bernard entonne alors le *Salve* que tous les assistants continuent. Arrivés au mot *Ostende*, ils s'arrêtent et le saint abbé continue seul : *O Clemens! O Pia! O dulcis Virgo Maria!...*

ÉLÉONORE

Vous aurez, sans doute, mon Père, une bénédiction pour ces jeunes filles si dévouées qui ont fait de mes souffrances la mesure de leur tendresse. Venez Alix, venez, Manfride, vous méritez bien cette douce consolation.

ALIX

Nous n'avons fait que notre devoir, noble dame, et

notre bonheur sera de rester auprès de vous, tant que vous aurez besoin de cœurs dévoués pour souffrir et pleurer avec vous.

SAINT BERNARD

Généreuses enfants, soyez bénies du Très-Haut ! Puisse votre abnégation vous attirer les plus précieuses faveurs du ciel.

3me SCÈNE — LES MÊMES, RAOUL

RAOUL

Je suis heureux, cher cousin, d'avoir pu me soustraire aux devoirs de ma charge à la Cour pour venir rendre mes devoirs au saint prêtre qui est l'oracle des Pontifes et des Rois. (*Il tend la main à saint Bernard qui la refuse*).

SAINT BERNARD

Dieu vous bénisse, Messire ! Qu'il vous éclaire !..

RAOUL

Qu'ai-je fait, ô mon Père, pour mériter de votre part un si froid accueil ? Certes les liens de parenté qui existent entre nous m'en faisaient espérer un bien différent. (*Sur un signe de saint Bernard tous les assistants se retirent excepté le comte*).

4me SCÈNE — SAINT BERNARD, RAOUL

SAINT BERNARD

Autrefois, je le sais, vous étiez mon cousin, et j'ose le dire, mon ami ; je me faisais honneur de vous donner ce nom. Maintenant, vous avez renié ces liens, vous avez foulé aux pieds des engagements sacrés, contractés en face des autels. La vertueuse Eléonore, votre épouse, méprisée et répudiée, en a vu une autre prendre sa place dans votre cœur ! Comment donc osez-vous encore appeler votre cousin un parent de celle qui n'est plus rien pour vous ?

RAOUL

Je vois bien, mon Père que l'on m'a calomnié auprès de vous. J'aimais, j'aime toujours Eléonore, mais vous n'ignorez pas que les saints canons me défendent de garder pour épouse celle qui est ma parente à un degré prohibé par l'Eglise.

SAINT BERNARD

Comte de Valois, n'abusez pas des lois les plus sacrées en les faisant servir au gré de vos passions

RAOUL

Je vous proteste que, dans mon âme...

SAINT BERNARD

Arrêtez... Voulez-vous, ô prince, que je vous dise ce qui se passe dans votre âme? Dieu qui connaît le fond des cœurs ne m'a point laissé ignorer les secrets du vôtre. Pendant plusieurs années, vous avez trouvé le bonheur dans l'amour d'Eléonore, et rien ne vous faisait douter alors que vous dussiez plus tard, et pour aucune raison, vous séparer d'elle; mais un jour vint où vous osâtes jeter de coupables regards sur la princesse Adèle, ou plutôt sur son riche patrimoine. Vous entrevîtes, la possibilité d'agrandir vos domaines, de resserrer encore les liens qui vous unissaient à la famille royale et vous vous êtes dit : je l'épouserai; mais Eléonore vous gênait. Vous avez donc sollicité d'elle, demandé, exigé son consentement à une séparation scandaleuse, et, la trouvant ferme dans la ligne du devoir, vous avez voulu, par vos incessantes tracasseries, rendre son sort insupportable. Est-ce vrai?

RAOUL

Est-ce bien vous, mon Père, qui osez me prêter de pareils sentiments? Ma conduite passée devrait, ce me semble, répondre pour moi.

SAINT BERNARD

Prince, je sais ce que vous avez été tant que vous n'avez pas ouvert votre âme aux rêves trompeurs d'une folle ambition et je sais aussi combien vos projets actuels s'éloignent du sentier de la justice et de la vérité, mais toutefois, il ne dépend que de vous d'y rentrer. Le crime n'est point encore accompli. Eléonore vous aime toujours; elle vous pardonne. Oubliez, Raoul, ces vains scrupules qui vous ont été suggérés par de malheureuses passions, et, puisqu'il en est encore temps, épargnez-vous de longs et cruels regrets.

RAOUL

Je ne le puis. Je suis trop avancé maintenant pour pouvoir revenir sur mes pas. Rejeter Adèle, après avoir obtenu le consentement de son père et celui du roi, c'est m'exposer à une disgrâce certaine, peut-être même à une guerre, toujours funeste, vous le savez, mon Père, aux peuples qui nous sont confiés.

SAINT BERNARD

Mais la guerre sera-t-elle moins cruelle quand il vous faudra combattre les parents et les défenseurs de votre épouse légitime, innocente et opprimée?

RAOUL

Mais l'Eglise a parlé sur cette affaire. Qui oserait m'attaquer après cette décision?

SAINT BERNARD

Je m'attendais bien à vous voir produire cette raison pour votre défense; mais n'en sentez-vous point vous-même l'inanité et le ridicule? Pouvez-vous croire que trois évèques représentaient l'Eglise? Et encore quels évèques ! Des courtisans et vos propres complices. Quelle garantie d'impartialité peut vous donner une pareille décision? Il est notoire, d'ailleurs, que des évèques, fussent-ils nombreux, ne peuvent dans les affaires importantes, rendre un jugement définitif, sans avoir consulté Rome. L'ont-ils fait ceux dont vous nous parlez? Dès lors, leur décision peut-elle vous rassurer contre l'indignation de vos propres sujets, et vous soustraire aux anathèmes de l'Eglise? Ah les malheureux! qu'ils tremblent pour eux-mêmes, après une si lâche prévarication...! Je vous le dis, Raoul, votre sort m'épouvante; je vois des nuages s'amonceler sur votre tête, et la foudre prête à vous écraser. Je m'offre néanmoins, à user du peu de crédit que je puis avoir à Rome, pour vous soustraire aux châtiments qui vous menacent, si vous voulez, au moins, témoigner quelque repentir. Le moment est pour vous solennel; vous êtes placé entre l'honneur et l'infamie, entre la vie et la mort, choisissez.

RAOUL

Eh! que choisirai-je? Sera-t-il dit qu'un comte de Vermandois et Valois ait cédé aux menaces d'un moine? Non, certes, non; s'il faut combattre, je combattrai; s'il faut répandre jusqu'à la dernière goutte de mon sang pour la défense de mes droits, je saurai le faire; mais reculer, mais revenir sur mes pas... jamais!

SAINT BERNARD

Vous vous obstinez, Raoul; écoutez donc, ô prince prévaricateur, ce que le ciel vous fait savoir par ma bouche. Votre union avec Adèle sera maudite, et les larmes de l'innocente Eléonore retomberont comme un feu dévorant sur votre postérité. Vous avez voulu, par cette nouvelle alliance, étendre votre fortune et perpétuer plus facilement votre nom; mais Dieu, qui se joue des vains calculs des hommes, va apprendre, dans votre personne, aux grands et aux puissants de ce siècle, que la justice seule élève les familles et les nations, tandis que le vice et l'impiété les rendent misérables. Les enfants que vous donnera l'étrangère ne répondront nullement à vos espérances; une stérilité sans exemple viendra comme un souffle brûlant dessécher cette tige naissante. Au contraire, ce premier-né, l'enfant d'Eléonore, que vous voulez plonger dans un éternel oubli, il vivra à jamais dans la mémoire des hommes; son nom, revêtu d'une gloire immortelle, transmettra seul aux âges futurs le souvenir de son père et de la maison des comtes de Valois.

RAOUL

Ah! maudit soit le jour où je connus Eléonore!...

SAINT-BERNARD

Regrettez bien plutôt de l'avoir dédaignée. Oh! ciel, ne toucherez-vous point ce cœur endurci? (*Raoul se dispose à s'éloigner. Saint Bernard s'adressant à lui:*) Arrêtez, Raoul, arrêtez. Puisque mes exhortations, mes pressantes sollicitations n'ont rien pu sur votre cœur; puisque les touchants avertissements de la sainte Eglise, votre mère, n'ont pu vous amener à garder auprès de vous la princesse de Champagne, votre légitime épouse, il me reste à accomplir à votre égard un bien pénible devoir : (*Un grand nombre de religieux se sont rangés en demi-cercle autour de Raoul et de saint Bernard, portant dans leurs mains des cierges allumés*) c'est de prononcer contre vous la sentence d'excommunication. Au nom du Saint-Siége, et agissant en qualité de légat, nous vous déclarons, vous, Raoul, comte de Vernandois et Valois, seigneur de Montdidier, Péronne et autres lieux, séparé de la communion de l'Eglise romaine, privé de l'usage des sacrements, et, en cas de mort, privé également de la sépulture ecclésiastique, et toutes ces peines vous seront applicables jusqu'à ce que vous soyez revenu à resipiscence. (*Les assistants répondent* amen *et éteignent leurs cierges. Raoul s'est à peu près affaissé sur lui-même. Saint Bernard s'adressant aux religieux, leur dit :* Emportez-le sur vos bras et donnez-lui vos soins.

LE CHŒUR CHANTE

Une voix.

Quel est l'audacieux qui, dans son cœur, oublie
Le respect qu'à leur Dieu doivent tous les mortels ?
De serments faits en face des autels
Eh quoi ? lui-même il se délie !

Une autre voix.

Quel est cet insensé qui de la sainte Eglise
Apprend à ses sujets à mépriser la loi ?
Qu'il tremble, hélas ! fût-il un puissant roi,
Le peuple à son tour le méprise !

Une troisième voix.

Que je te plains, Raoul, en ton heure dernière !
Tous les maux à la fois sont rassemblés sur toi.
Le noir enfer, séjour rempli d'effroi,
T'attend au bout de ta carrière.

TROISIÈME ACTE

AU CHATEAU DE CRÉPY, RÉSIDENCE DE RAOUL, COMTE DE VALOIS

La scène représente une pièce modestement meublée

1re SCÈNE — RAOUL, HERBERT

RAOUL

Vous le savez, Herbert, je n'ai jamais eu de secret pour vous.

HERBERT

Et j'ose me flatter, seigneur, d'avoir toujours répondu dignement à votre confiance.

RAOUL

Je viens aujourd'hui vous faire l'aveu d'une grande peine.

HERBERT

Quelle est-elle, seigneur ? Pourrais-je la soulager ?

RAOUL

Mais vous pourrez, au moins, m'en indiquer la cause. Dites-moi, avez-vous remarqué le changement survenu dans les habitudes de la comtesse Adèle ?

HERBERT

Oh ! sans doute, je l'ai remarqué. J'en sais bien quelque chose.

RAOUL

Elle, autrefois si douce, si prévenante, en un mot si aimable... Elle qui avait su si bien captiver mon cœur, aujourd'hui, je ne la reconnais plus. Fière, capricieuse, hautaine, elle n'a que des dédains pour ceux qui l'entourent. Jadis, elle aimait à m'accompagner à la cour de

France, où elle était de toutes les fêtes; maintenant, elle vit sombre et retirée au fond de ce château, et lorsque, succombant aux fatigues de mes divers emplois auprès du souverain, je viens chercher ici quelques jours de repos, ce n'est qu'invectives du matin au soir de la part de cette femme altière, et si je veux en venir à une franche explication de cette conduite, je ne puis obtenir que le mutisme le plus complet. Enfin, vous l'avouerai-je? son humeur écrasante fait mon désespoir.

HERBERT

On dit vulgairement qu'une once de paix domestique vaut mieux qu'un charriot plein d'or.

RAOUL

Je le sais; mais voudrez-vous bien, après tous vos proverbes, me dire quelle est la cause du funeste changement que je vous signale? C'est là ce que j'attends de vous.

HERBERT

Il est certain que mes relations fréquentes avec des gens de la cour, m'ont appris bien des choses. Elles m'ont donné la clef des intrigues qui s'y ourdissent; il est même des trames que vous ne pouvez apercevoir, vous tous qui vivez au sein des grandeurs et dans le tumulte des affaires, trames que nous connaissons fort bien, nous qui passons nos jours dans une demie obscurité.

RAOUL

Mais enfin, voudrez-vous parler clairement? Parlez sans crainte, je suis prêt à tout.

HERBERT

Lors même que vous ne m'eussiez point intimé cet ordre, ma fidélité à toute épreuve me faisait un devoir de vous révéler tout ce que j'ai appris cet égard.

RAOUL

Et vous dites que...

HERBERT

Je dis que la comtesse Adèle est accusée d'accompagner de ses vœux sa sœur Aliénor, devenue reine d'Angleterre, et d'être d'intelligence avec les Anglais.

RAOUL

Que dites-vous là ? Serait-elle coupable d'une si noire trahison ?

HERBERT

Je n'ose me prononcer ; mais il est certain qu'on peut tout craindre d'une femme piquée dans son amour-propre et sa vanité. La disgrâce et le départ de la reine a produit nécessairement un vide autour de la comtesse Adèle.

RAOUL

Oui, sans doute, je m'en suis moi-même aperçu, et c'est alors que je lui conseillai de venir passer quelque temps au château de Crépy.

HERBERT

Or, comment supposer qu'une femme si vaniteuse, qui se glorifiait constamment de sa parenté avec le roi, et qui, en cette qualité, recevait les hommages de tous les courtisans, puisse supporter patiemment l'isolement où on la délaisse ? Comment son caractère ne se serait-il point aigri ? Et de là à former des projets de vengeance, vous le savez, seigneur, il n'y a plus qu'un seul pas. Je ne veux point me faire l'écho de tous les bruits qui courent à ce sujet ; mais je dois avouer, cependant, que depuis quelque temps je vois souvent des étrangers rôder autour du château. Ne seraient-ce point là des émissaires d'Aliénor ? Et si le roi de France venait à le savoir, quel ne serait point notre malheur à tous ?

RAOUL

Oui, certes, vous avez raison, Herbert. Il faut y veiller de près. Assurez-vous de toutes les avenues du château. Je tâcherai moi-même d'avoir avec la comtesse une explication.

HERBERT

Vous pouvez compter, seigneur, sur ma diligence et mes soins.

2ᵐᵉ SCÈNE — RAOUL seul

Quelle destinée que la mienne! Ce n'était point encore assez des tracasseries domestiques que me suscite cette femme! Ce n'était point assez qu'elle ne m'ait donné pour tout héritier mâle qu'un fils couvert de lèpre. Il faut donc que j'aie encore à redouter de sa part la perte de mon influence à la cour, de ma fortune et de mon honneur! O douce Eléonore! te voilà maintenant suffisamment vengée des injures que j'ai faites à ta vertu. Oh! cesse, cesse de me poursuivre. Hélas! il me semble que je la vois encore, faible et tremblante, se jeter à mes genoux en me présentant son enfant. Oh! ciel, qu'il était beau! Et que j'ai donc été insensible! Que sera-t-il devenu maintenant? Pauvre orphelin! Je tremble à cette seule pensée! Mais quels sont donc ces cris de joie que j'entends? D'où peuvent-ils venir? Il faut que j'aille voir... Mais non, la joie et le contentement ne sont pas faits pour moi; il vaut mieux que je dérobe à ces étrangers ma tristesse et mes pleurs.

3ᵐᵉ SCÈNE — RAOUL, THIBAUT, HENRI

THIBAUT

Comte Raoul, un instant.. Vous savez que depuis notre réconciliation au pied des autels j'ai versé dans votre cœur mes douleurs et mes joies; je viens en ce moment vous présenter mon fils, qui arrive des croisades.

RAOUL

Comment!... de l'Orient?

HENRI

Oui, seigneur, pour vous plaire.

RAOUL

Que d'aventures merveilleuses n'aurez-vous point à nous raconter!

HENRI
Oui, sans doute, et elles ne pourront manquer de vous intéresser beaucoup.

THIBAUT
Mon fils me racontait tantôt, après maintes prouesses des Chevaliers de la Croix, les exploits d'un guerrier que toute l'armée chrétienne a dû admirer constamment, sans pouvoir jamais le connaître.

RAOUL
Comment donc? Cela tient réellement du prodige.

HENRI
Oui, mon oncle; ce vaillant combattant, nul n'a pu savoir son nom, ni son origine, si ce n'est un seul de ses compagnons d'armes qu'il avait pris pour confident. Je l'ai vu moi-même se précipiter comme un lion au milieu des escadrons ennemis, les charger avec une intrépidité, une audace qui nous tenait tous en suspens; puis, le moment arrivé où l'on rentrait au camp, pour faire la revue des troupes, c'était en vain qu'on le cherchait dans les rangs pour lui donner les éloges qu'il avait si bien mérités. On ne le trouvait qu'auprès des malades dont il pansait les blessures, à moins qu'il ne fût dans son oratoire, au pied du crucifix.

RAOUL
Mais le roi de France n'a-t-il pas cherché à le connaître et à faire parvenir à sa famille les félicitations dont ce jeune combattant se montre si dédaigneux?

HENRI
Le roi lui-même lui a dû plusieurs fois son salut, au moment du danger. Il en parlait avec admiration et l'appelait son ange protecteur; mais voulant, lui aussi, respecter le secret inviolable dont ce brave guerrier s'était toujours enveloppé, il n'a jamais cru devoir faire violence à son humilité.

RAOUL
Quel ne serait point, pourtant, le bonheur qu'éprouverait e père d'un tel héros, s'il venait à apprendre la gloire incomparable de son fils!...

THIBAUT

Ah! sans doute!

RAOUL

Mais vous, mon enfant, n'étiez-vous point informé du nom et de la patrie de cet illustre inconnu?

HENRI

Il m'avait fait son confident.

RAOUL

Comment! Et vous hésitiez à manifester à ce père ce qui, sans doute, était la plus grande consolation de ses vieux jours? Qui sait! Peut-être il est déjà sur le bord du tombeau, maudissant le destin qui lui a ravi son enfant, l'unique soutien de ses vieux jours. Vous pouviez d'un seul mot lui rendre la vie et le bonheur, et vous ne l'avez pas fait? Quelle insensibilité est donc la vôtre?

HENRI

Mais si ce père inhumain avait lui-même ôté à son fils tout espoir de retour! S'il lui avait fermé lui-même et ses bras et son cœur?

RAOUL

Que voulez-vous dire, mon enfant? (*A part*) Serait-il possible?...

HENRI

Si le père de notre héros avait lui-même déshérité cet enfant et répudié sa mère, croyez-vous qu'il méritât dès lors de partager la gloire de son fils?

RAOUL

Seigneur, il est donc vrai?... Juste ciel!... *Il s'affaisse.*)

THIBAUT

Je vous disais bien, mon enfant, que dans l'état d'infortune et de faiblesse où il se trouve réduit, il fallait procéder à son égard avec plus de prudence et de ménagement.

HENRI

Après tout, il n'a que ce qu'il mérite.

THIBAUT

Il ne nous convient pas de nous établir ses juges; ce droit n appartient qu'à Dieu seul. (*A Raoul*.) Comte Raoul, revenez à la vie pour jouir de votre bonheur.

RAOUL

Non, non, il n'y a plus de bonheur pour moi. Mon crime est trop grand pour que le ciel daigne me le pardonner. C'est même avec justice qu'il se prépare à me dépouiller de ce que je possède encore en ce monde. Eléonore a emporté toute ma félicité avec elle dans le tombeau, et son enfant, s'il revenait en ces lieux, ne pourrait plus supporter la présence du père qui l'a rejeté. Dites-moi, Henri, ne m'a-t-il pas maudit quelquefois?

HENRI

Je puis attester que jamais la moindre plainte n'est sortie de ses lèvres.

THIBAUT

Au moins, ce cher enfant reviendra-t-il bientôt parmi nous?

HENRI

Je ne saurais le dire. A notre départ de Ptolémaïs, j'ai tâché, par les raisons les plus pressantes, de l'emmener avec nous. J'ai dépeint votre douleur, votre désespoir quand vous me verriez revenir seul à la cour de Champagne, d'où nous étions partis l'un et l'autre; mais rien n'a pu vaincre la détermination qu'il avait prise de se consacrer au service des pèlerins dans la Terre Sainte. Quelles que fussent ses raisons, j'ai dû enfin m'y rendre et le laisser suivre ce qu'il dit être sa vocation; mais je sais par des nouvelles récentes que les violences des musulmans contre les chrétiens ont recommencé, aussitôt après le départ des croisés. Je ne désespère donc nullement de le voir bientôt revenir entre nos bras.

RAOUL

Ah! je le sens bien, c'est moi et moi seul qui suis la cause de cette absence prolongée. Il craint de me trouver encore injuste envers lui; mais, au reste, je comprends aussi que la vengeance du ciel ne soit point encore assouvie contre moi. Non, je ne puis plus espérer de repos ici-bas.

THIBAUT

Pourquoi vous livrer, Raoul, à tous ces sentiments d'amertume et de désespoir? Nous pouvons toujours apaiser notre Dieu par le repentir. Il ne ferme point obstinément son cœur aux regrets de ses enfants; mais d'ailleurs, si mes paroles ne peuvent ramener la sérénité sur votre front, soyez au moins docile aux conseils du saint abbé Bernard, qui vient vous trouver.

4me SCÈNE LES MÊMES, SAINT BERNARD

SAINT BERNARD

Je ne refuse plus aujourd'hui, comte Raoul, cette main que vous me tendiez en vain, vous le savez, aux jours de votre prospérité, qui étaient ceux de votre orgueil et de votre égarement. J'accepte, mon cher cousin, votre douleur et votre repentir, au nom du Dieu trois fois saint, toujours prêt à pardonner. Bénissez-le de vous avoir enfin dessillé les yeux. Il vous rend son amitié, et il ne dépend que de vous de jouir encore ici-bas de la paix du cœur. Eléonore vous a pardonné, j'en suis garant, et maintenant elle vous ouvre les bras du haut du ciel, où elle vous attend. Votre enfant, par vous déshérité, vous bénit, en ce moment, de lui avoir ouvert la voie du vrai bonheur par le dépouillement complet des biens terrestres. Ainsi donc, plus de retour pénible sur le passé, ou, du moins, n'y revenez par la pensée que pour bénir le Seigneur de ses miséricordes à votre égard.

Saint Bernard chante:

Vers le Seigneur a monté votre plainte ;
Il voit vos pleurs, il daigne les bénir ;
L'amour en vous doit remplacer la crainte :
   Mon fils, cessez donc de gémir.

REFRAIN

Du cœur qui pleure
Le Seigueur à toute heure
Entend les cris.
Sa main lui donne
L'immortelle couronne
Aux saints parvis.

Au lieu d'un juge, en lui voyez un père,
Qui de ses dons brûle de vous combler ;
Bien loin d'avoir pour vous un front sévère,
Raoul, il veut vous consoler.

Son divin cœur sait oublier le crime
Qu'un monde impur ne pardonne jamais ;
Et sur la croix ne fut-il pas victime,
Pour nous laver de nos forfaits ?

Ravis des pleurs de votre repentance,
Les anges saints la célèbrent aux cieux ;
Mon fils, du juste ils fêtent la constance
Par des concerts moins glorieux.

Rappelez-vous ce jour si mémorable
Si consolant pour le pauvre pécheur,
Où, d'une femme infiniment coupable,
Jésus accueillit la douleur.

Marie, aux pieds de ce Dieu de clémence,
Courbait son front de rougeur enflammé :
Je lui remets, dit Jésus, son offense,
Parce qu'elle a beaucoup aimé.

Paris-Auteuil, imprimerie des apprentis catholiques-Roussel.

Le Sacrifice d'Abraham.

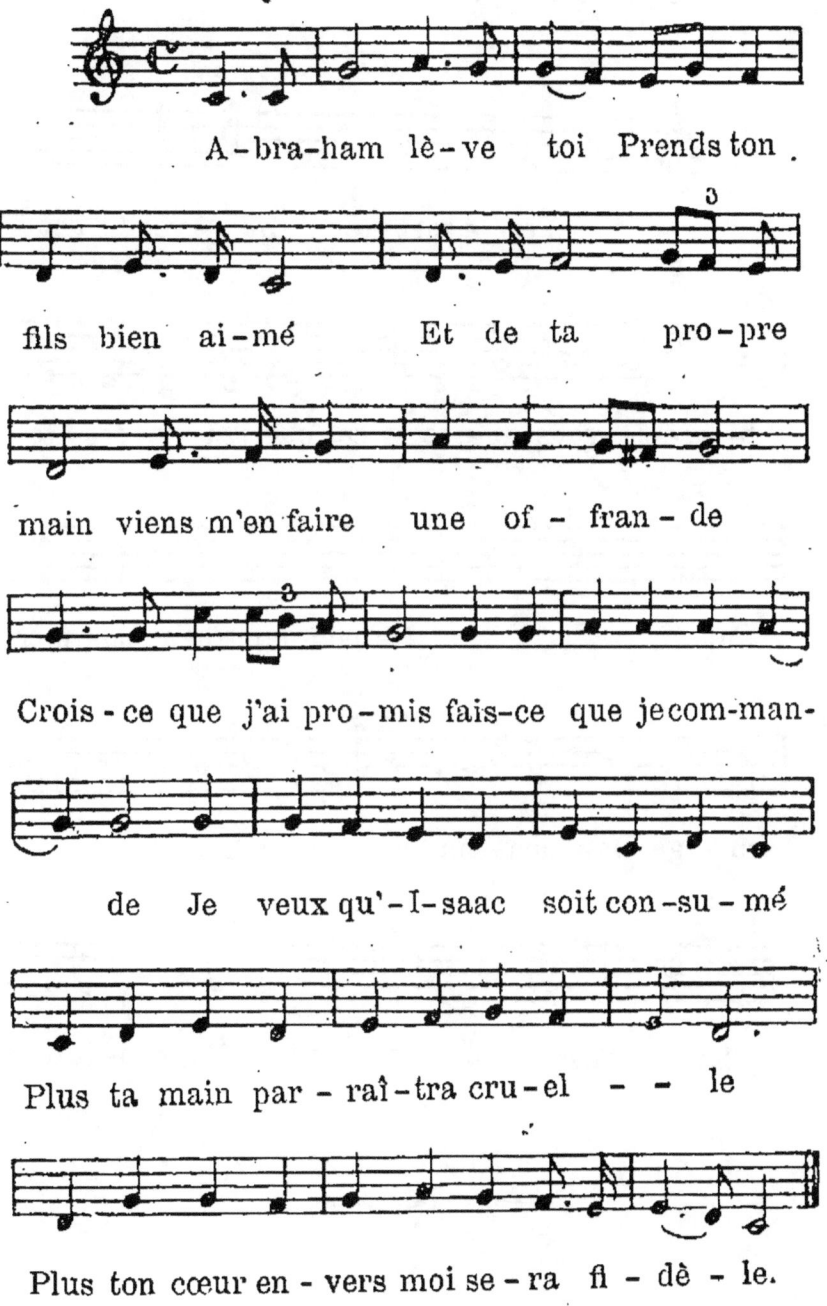

A-bra-ham lè-ve toi Prends ton fils bien ai-mé Et de ta pro-pre main viens m'en faire une of-fran-de Crois-ce que j'ai pro-mis fais-ce que je com-man-de Je veux qu'-I-saac soit con-su-mé Plus ta main par-raî-tra cru-el - - le Plus ton cœur en-vers moi se-ra fi-dè-le.

Joseph et ses Frères

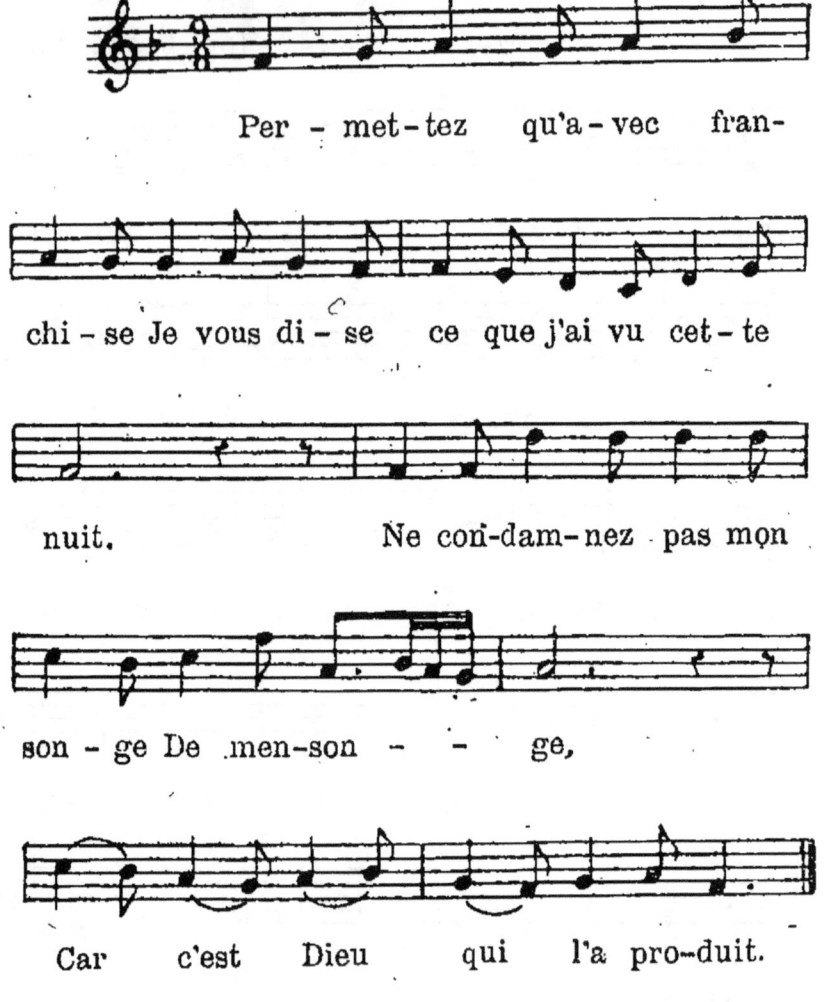

Per-met-tez qu'a-vec fran-chi-se Je vous di-se ce que j'ai vu cet-te nuit. Ne con-dam-nez pas mon son-ge De men-son - - ge, Car c'est Dieu qui l'a pro-duit.

Martyre de Saint-Eustache.

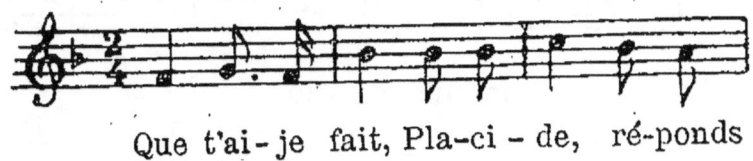
Que t'ai-je fait, Pla-ci-de, ré-ponds

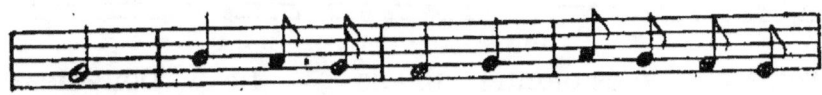
moi; Que t'ai-je fait que tu me per-sé-

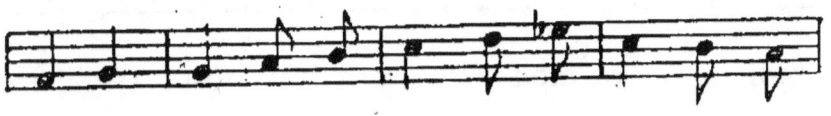
cu-tes? Je suis Jé-sus mort sur la croix pour

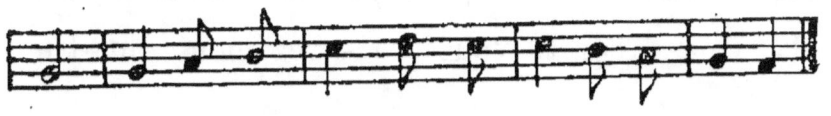
toi Je te pour-suis, bien que tu me re-bu-tes.

L'Enfant prodigue.

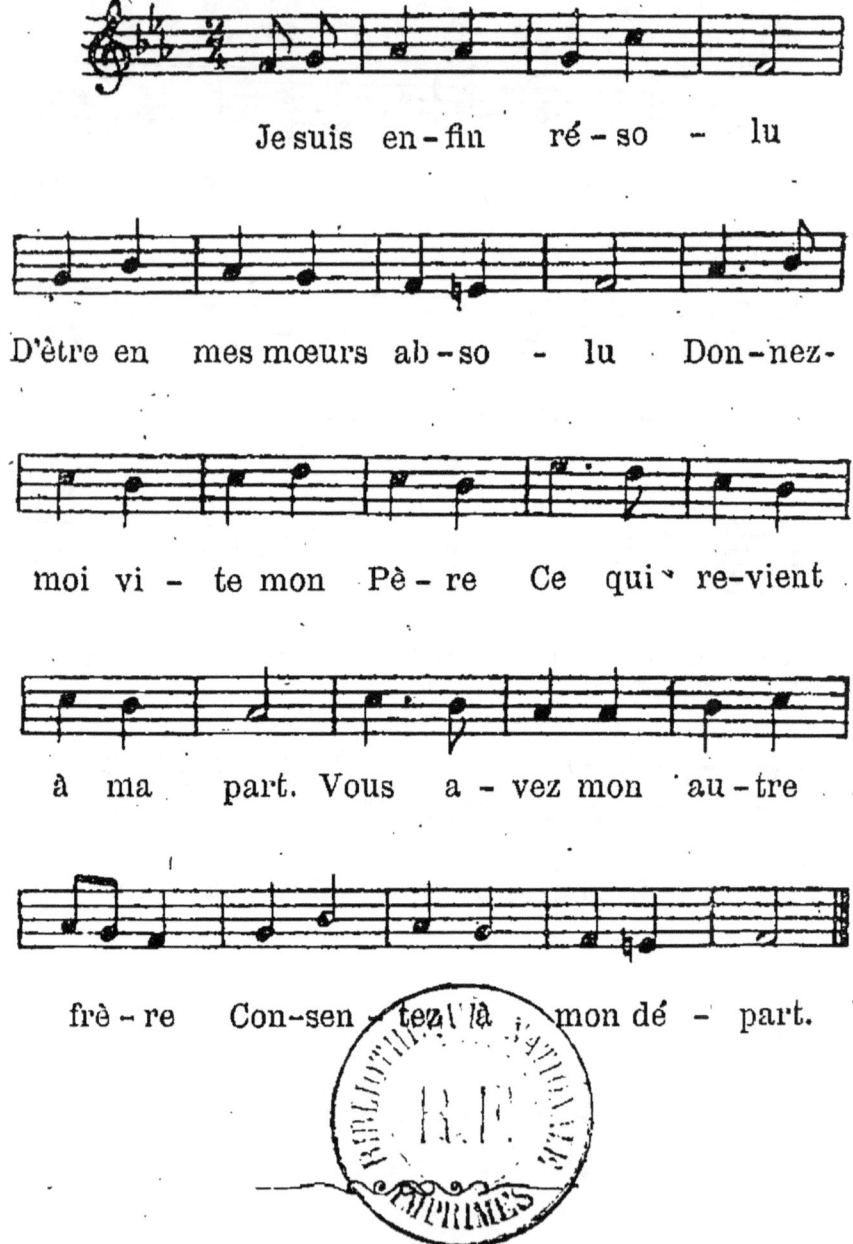

Je suis en-fin ré - so - lu

D'être en mes mœurs ab - so - lu Don-nez-moi vi - te mon Pè - re Ce qui re-vient à ma part. Vous a - vez mon au - tre frè - re Con-sen-tez là mon dé - part.

On trouve également à Cerfroid les autres Ouvrages du même auteur.

Vie de St Jean de Matha, Fondateur de l'Ord. de la T.-S. Trinité, un vol, in-12. 2 fr. 00
Vie abrégée de saint Jean de Matha, in-12 .... 0 fr. 50
Vie de St Félix de Valois, du sang royal de France, Fondateur, avec St Jean de Matha, de l'Ord. de la T.-S. T., 2e édition, in-12..................... 2 fr. 00
Les Fleurs du Désert, vies admirables de trois négresses, 2e édition, in-12. 1 fr. 00
Vie de St Michel des Saints, Trinitaire, canonisé en 1862, in-18........ 0 fr. 50
Guide du Pèlerin à Cerfroid.... 0 fr. 50
La Vénérable Anna-Maria Taïgi, Tertiaire Trinitaire, 3e édition..... 2 fr. 50
Vie abrégée de la Vén. Anna-Maria Taïgi, 100 pages in-8................ 0 fr. 75

Paris-Auteuil. — Imp. des Apprentis-Catholiques. — Roussel.

www.ingramcontent.com/pod-product-compliance
Lightning Source LLC
Chambersburg PA
CBHW070155230526
45471CB00002B/679